John L Tildsley

Die Entstehung und die ökonomischen Grundsätze der Chartistenbewegung

John L Tildsley

Die Entstehung und die ökonomischen Grundsätze der Chartistenbewegung

ISBN/EAN: 9783744610940

Hergestellt in Europa, USA, Kanada, Australien, Japan

Cover: Foto ©ninafisch / pixelio.de

Weitere Bücher finden Sie auf **www.hansebooks.com**

Inhaltsverzeichnis.

Teil I.

Die Entstehung der Chartistenbewegung.

Teil II.

Die ökonomischen Grundsätze der Chartisten.

Die Entstehung der Chartistenbewegung.

———

Der Ursprung der Charte.

Am 26. Juni 1896 wurde in London eine Genossenschaft gegründet, die als Londoner Arbeiter-Vereinigung (the London Workmen Association) bekannt ist. Sie zählte einige 40 Mitglieder und war aus einer Verbindung entstanden, welche von Dr. Black, einem Freunde des berühmten Politikers der Arbeiterklasse Francis Place, gegründet wurde, dessen Ziel eine freie und ungestempelte Presse gewesen war. Wie aus ihren Satzungen hervorgeht, hatte sie neun Artikel aufgestellt, von denen keiner an sich wirklich politischer Natur war, auch findet man in den Statuten keinerlei Erwähnung irgend welchen Strebens nach politischer Macht. Höchst interessant ist die folgende Klausel in den Statuten: „Obgleich die Personen, die diese Gesellschaft gründen, zu allen Zeiten das Glück der Menge vorschlagen und zu fördern suchen werden, so sind sie durch Erfahrung überzeugt, dass die Besprechung der Interessen in den verschiedenen Schichten bei der gegenwärtigen Lage der Dinge zu oft zu einer Zerstörung jener Zusammengehörigkeit führt, welche der Förderung einer grofsen Sache nützlich ist.

So haben sie denn beschlossen, sich, soweit es praktisch erscheint, auf die arbeitenden Klassen zu beschränken. Aber da grofse Meinungsverschiedenheiten herrschen, wo die Grenze gezogen werden sollte, welche die arbeitende Klasse von den anderen Teilen der Gesellschaft trennt, so überlassen sie es den Mitgliedern. selbst zu beschliefsen, ob die vorgeschlagenen Kandidaten fähig sind, Mitglieder zu werden." [1])

Die Vereinigung besafs bald ein Lesezimmer, in welchem sie sich an Sonntag Vormittagen versammelten, um über Dinge, wie den Freihandel, die Bevölkerungsfrage, über Fragen bezüglich des Lohnes und dergleichen andere Gegenstände der politischen Ökonomie, welche von augenblicklichem Interesse für die arbeitenden Klassen waren, zu sprechen. Ein Blick auf die leitenden Mitglieder dieser Vereinigung wird einbesseres Verständnis für die Richtungen geben, welche sich in den Bestrebungen des Vereins bald offenbarten. Als Sekretär für die Organisation wählten sie im Jahre 1830 einen Kunsttischler, William Lovett, welcher in der Bewegung für die Reform Bill vom Jahre 1832 thätig gewesen war, der Mitglied des Rates der Metropolitan Political Union (politischen hauptstädtischen Vereinigung) und Führer des Nationalvereins der Arbeiterklassen war. Er war ein Anhänger Robert Owens und Geschäftsführer der ersten Londoner Genossenschaft, welche nach Owens Plan gebildet wurde. Der einflufsreichste unter den anderen Mitgliedern war Henry Hetherington, der Leiter der Bewegung für die Prefsfreiheit, welcher oft wegen seiner Ansichten bestraft und in das Gefängnis gesetzt war. Andere thätige Führer, welche Hetherington in seinem Kampfe für die Prefsfreiheit zur Seite standen, sind Cleave und Watson, Verleger, und ebenso wie Lovett und Hetherington, Anhänger von Robert Owen. Da war noch Henry Vincent, welcher einer der Hauptredner in den ersten Stadien der Chartistenbewegung wurde.

Da solche Männer an der Spitze standen, Männer, die mit teilgenommen hatten an all den jüngsten Bewegungen für politische Rechte und Freiheit der Meinungsäufserungen, und die durch und durch erfüllt waren von den revolutionären Lehren Robert Owens, so ist es nicht zu verwundern, dafs der Londoner Arbeiterverein bald über die ursprünglichen neun Artikel seiner Verfassung hinausging. Am 10. Oktober 1836 nahm er die folgenden Beschlüsse an, welche den Charakter der Organisation und auch den eines grofsen Teiles der Arbeiterklasse kund geben.

1. Dafs die Mitglieder dieser Verbindung weder zu der Whignoch zu der Tory-Regierung Vertrauen haben, da sie glauben, dafs beide Parteien in gleicher Weise Feinde einer gerechten Gesetzgebung

[1]) Place Manuscript 27819 S. 43.

seien und einer Herstellung des Friedens und des Glückes im Lande hinderlich sein würden.

2. Dass es deshalb einer der hauptsächlichsten Zwecke der Vereinigung sein soll, unsere Brüder aufzuklären und zu warnen, weder direkt noch indirekt einzugreifen, um die eine oder die andere dieser Parteien zu unterdrücken oder zu unterstützen, da sie durch diese Handlungsweise mithelfen würden, ihre eigene soziale und politische Unterdrückung herbeizuführen.

3. Dafs wir ohne irgend eine besondere Form oder Theorie der Regierung zu suchen, obgleich wir sie zu haben wünschen, unsere Brüder aufrufen, als erste und wesentliche Mafsregeln eine gleichberechtigte Stimme bei den Entschlüssen, durch welche Gesetze ausgeführt und Pläne zur gerechten Regierung des Landes angenommen werden sollen, zu fordern.

4. Dafs zur Erreichung dieses Zweckes allgemeines Wahlrecht und der Schutz des Stimmrechts durch Ballotage, jährliche Parlamentswahl, gleichberechtigte Repräsentation und keine Beschränkung der Wählbarkeit der Mitglieder des Parlaments durch das Eigentum, von wesentlicher Bedeutung sind.

5. Dafs wir mit diesen grofsen Zwecken im Auge unsere Mitbrüder warnen, sich nicht irre führen zu lassen durch nebensächliche Fragen der Politik oder der Selbstsucht, auch nicht in Männer ihr Vertrauen zu setzen, welche als Reformer zwar aufträten, die aber:

I. sich weigerten, die Klausel betreffs der Steuerzahlung, durch die das Wahlrecht sehr beeinträchtigt wird, zu widerrufen;

II. sich dem Wunsche nach dem Stimmrecht widersetzten;

III. Gegner des Planes wären, die Dauer des Parlaments abzukürzen;

IV. für die Sklaverei der Fabrikkinder stimmten und die Bitte der 80 000 Handwebstuhlarbeiter unberücksichtigt liefsen;

V. die Malzsteuer an einem Abend ablehnten und ihren eigenen Beschlufs am nächsten wieder aufhoben;

VI. sich heuchlerischerweise nach der Not der Landwirtschaft erkundigten und dennoch jeden Beistand verweigerten und selbst nicht einmal Bericht darüber erstatten wollten;

VII. um die Reihe ihrer Missethaten zu vollenden, das schmachvolle neue Armengesetz durchbrachten.

6. Dafs wir deshalb ernstlich wünschen, dafs alle nebensächlichen

Fragen zurücktreten sollen gegen die hauptsächliche nach g l e i c h e n
p o l i t i s c h e n R e c h t e n, und wir rufen jetzt unsere Mitbrüder auf,
ihre Gleichgültigkeit abzuschütteln und mit Hand anzulegen zur Erlangung dieser grofsen Güter.

7. Dafs wir die Landbesetzer von England achtungsvoll aufrufen,
deren Interessen mit den unseren identisch sind, und die wie wir unter
dem gegenwärtigen überlebten System täglich dem Reichtum und
Rang geopfert werden, gemeinsame Sache mit uns zu machen, um
die ihnen zustehenden Rechte wieder zu erlangen und um die
Staatssteuern so zu vermindern, dafs sie im stande sind, dieselben
zu tragen.

8. Dafs wir die ländlichen Arbeiter des vereinigten Königreiches, welche in Armut und Elend geraten sind, aufrufen, sich mit
uns zu vereinen, um ihrer Not abzuhelfen.

9. Dafs wir desgleichen alle wohlwollenden und eifrigen Freunde
in Stadt und Land, deren Interessen in der gegenwärtigen ver-
wickelten Lage den unsrigen zwar entgegengesetzt sein mögen, welche
aber nichtsdestoweniger eifrig nach denselben Rechten und Gesetzen
und nach Gerechtigkeit für den Menschen streben, dafs wir sie aufrufen, hervorzutreten und sich fest mit uns zu vereinen, um kühn
ein Parlament zu fordern, in welchem alle Interessen vertreten
werden sollen.

10. Dafs wir sicher glauben, dafs durch eine solche Vereinigung
alle verhafste und parteisüchtige Nebenbuhlerschaft bald vergessen
sein würde und Männern Platz gemacht würde, die keine unredlichen
Absichten neben den Interessen des Volkes haben, und die fleifsig
und klug arbeiten wollen, um alle Strömungen dieses begünstigten
Landes zu überwachen, damit sie das Glück des ganzen Volkes
fördern. [1])

Als sie ihren Einflufs wachsen fühlten, hielten die Mitglieder der
Vereinigung eine öffentliche Versammlung im „Gasthaus zur Krone
und zum Anker" am Abend des 28. Februar 1837 ab. Sie sollte nur
von Arbeitern geleitet werden und aus diesem Grunde wurde Feangus
O'Connor, der künftige Führer, welcher zugegen war, als Unbeteiligter
angesehen. Der Zweck der Versammlung war, eine Petition an das
Parlament einzureichen, in der gleichberechtigte Repräsentation, allgemeines Wahlrecht, einjähriges Parlament, keine Beschränkung des

---

[1]) Place Mss. 27819 S. 43.

Eigentums, Wahl durch Stimmrecht und Diäten für die Mitglieder, gefordert werden sollten. Hier haben wir die sechs Punkte der späteren Charte. Diese Petition wurde von 3000 Personen unterzeichnet. Die Hauptredner des Abends waren Lovett, Vincent und Hetherington.

Bald darauf wurde eine andere Versammlung dieser Arbeitervereinigung abgehalten, um Protest einzulegen gegen die Art und Weise, wie die Regierung Kanada behandele. Da man durch diese beiden Versammlungen Mut bekommen hatte, berief man eine dritte am 31. Mai 1837, um über die einzelnen Punkte der Petition zu verhandeln. Dieser Versammlung sollte sich am 7. Juni 1837 eine andere anschliefsen. An diesem Tage erreichte man im Britischen Café mit John Cleave als Vorsitzenden sein Ziel. Das Parlamentsmitglied Daniel O'Connel gab seine Zustimmung; zur Erwägung der Versammlung wurde folgendes angeheftet: „Plan für die Gründung einer Vereinigung zur Erlangung der Gerechtigkeit für die arbeitenden Klassen durch eine gründliche Reform der Gesetzgebung.“

Das folgende wird als Grundlage für die Vereinigung vorgeschlagen, weil hierin die Mitglieder übereinstimmen:

1. Allgemeines Wahlrecht.
2. Gleiche Repräsentation.
3. Freie, vom Vermögen unabhängige Wahl der Abgeordneten.
4. Freie Wahl durch geheime Abstimmung.
5. Kurze Parlamente von bestimmter Dauer, welche drei Jahre nicht überschreiten darf.

„Da es die Absicht der Mitglieder dieser vorgeschlagenen Vereinigung ist, alle diese Verbesserungen zu erreichen, werden sie, als praktische Männer, den Beistand aller Personen annehmen, welche ehrlich gewillt sind, irgend einen Teil derselben zur Verwirklichung zu bringen.“

„Sie werden jede Abschlagszahlung annehmen, so weit sie der wahren Nationalschuld von rechts wegen abgetragen werden sollte, aber sie gehen nicht davon ab, auf dem Ganzen zu bestehen, sie fordern das Ganze und bestehen darauf, und sie werden es nicht zugeben, dafs auf irgend einen Teil verzichtet wird, oder dafs man ihn aufgiebt, indem sie Teile oder Raten ihrer Rechte durchsetzen, nur um sich in den Stand zu setzen, das übrige zu erlangen.“

„Schliefslich ist und bleibt es immer der Hauptzweck der Vereinigung, für die wertvollste Art des Besitztums, für die menschliche Arbeit — den besten und gröfsesten Schutz, der in einem sozialen Staat möglich ist, zu erlangen." [1])

Dann wurden Beschlüsse gefafst, um die Parlamentsmitglieder, welche zur Vereinigung gehörten, beim Wort zu nehmen, die Akte zu unterstützen, welche die folgenden Hauptpunkte enthalten: allgemeines Wahlrecht, gleiche Repräsentation, freie vom Vermögen unabhängige Wahl der Abgeordneten, geheime Abstimmung (Ballotage), kurze Parlamentsdauer, nicht über drei Jahre, und eine derartige Verbesserung des Herrenhauses, dafs dasselbe dem Volke gegenüber verantwortlich gemacht würde. Es wurde ferner beschlossen, dafs ein Komitee von sechs Mitgliedern des Parlaments und sechs Arbeitern erwählt werden sollte, um einen Gesetzentwurf oder Entwürfe in rechtsgültiger Form aufzustellen, welche die beschlossenen Grundsätze enthielten. Diese Entwürfe sollten dann einer anderen Versammlung von liberalen Parlamentsmitgliedern und der Arbeitervereinigung vorgelegt werden. Daniel O'Connel, John Arthur Roebuck, J. T. Leaden, Charles Hindlay, C. Thompson und Shannon Crawford waren die sechs Parlamentsmitglieder, die für die Kommission ausersehen wurden. Henry Hetherington, John Cleave, James Watson, Richard Moore, William Lovett und Henry Vincent waren die sechs Arbeiter. Die Parlamentsmitglieder thaten keine weiteren Schritte in dieser Sache. Die Prinzipien, über die man sich geeinigt hatte, wurden in einen Entwurf in rechtsgültiger Form von William Lovett zusammengefafst, dann von Roebuck verbessert, und wurden bald als die Charte des Volkes bekannt. Der erste Entwurf enthielt nur fünf Sätze, aber später wurde die Forderung um Diäten für die Mitglieder hinzugefügt, und so entstanden die sechs vielbesprochenen Sätze der chartistischen Bewegung.

Sombart schreibt: „Es ist O'Connel, der es dem Proletariat überlieferte: allgemeines Wahlrecht, geheime Abstimmung, gleiche Wahlbezirke, Diäten, keinen Besitz für Abgeordnete, kurze Legislaturperioden." [2]) Dies ist ein Irrtum. Es war O'Connel, der in der Versammlung vom 7. Juni den Plan der Charte vorlegte. Er hatte ihn unzweifelhaft von Lovett erhalten, denn er enthielt dieselben Grundsätze, wie wir sie in der Petition vom Februar desselben Jahres

---

[1]) Place Mss. 27819. Anhang 6, S. 211.

[2]) Sombart, Sozialismus und Soziale Bewegung im 19. Jahrhundert. Jena 1896. S. 36.

gefunden haben. Es ist keine Frage, dafs die Charte das Produkt Lovetts war, möglicherweise durch die Anregungen anderer seiner Genossen entstanden, aber ohne irgend welche Hilfe O'Connels oder irgend anderer Personen des Mittelstandes.

Die Volkscharte enthielt nichts Neues, nichts Revolutionäres. Ohne, wie das die Chartisten selbst zu thun belieben, auf alte Gebräuche zurückgehen zu müssen, finden wir, dafs schon im Jahre 1775 Major Cartwright in seinem Buche „Analysierung und Verteidigung gesetzmäfsiger Rechte" die sechs Sätze der Charte befürwortet. Lovett giebt in seiner Einleitung zur Volkscharte an:

„Im Jahre 1780 präsentierte der Herzog von Richmond dem Herrenhause die Akte, die die Einführung einjähriger Parlamente und das Stimmrecht für jeden Mann forderte, der noch unbestraft und im Vollbesitz seiner Vernunft wäre.[1]) In demselben Jahre sprach sich die von den Wählern von Westminster ernannte Kommission durch ihren Vorsitzenden, Charles James Fox, zu Gunsten der späteren hauptsächlichen Punkte der Charte aus. Von dieser Zeit an bis zum Beginn der französischen Revolution wuchs die Zahl derer immer mehr, die einige oder all diese Grundsätze unterstützten. und unter ihnen war William Pitt selbst. Aber mit dem Jahre 1793 kam die Reaktion, mit ihrer Furcht vor allem Neuen und mit der Opposition gegen alles, was liberal war, und Pitt war unter den bittersten Gegnern der Veränderung. Von der französischen Revolution an bis 1815 hatte England keine Zeit und keinen Wunsch nach innerer Reform. All seine Energie war in dem langen Kampf mit Napoleon verbraucht.

Als der Friede im Jahre 1815 geschlossen wurde, konnte es seine Furcht vor den Grundsätzen der französischen Revolution nicht vergessen. Auch England litt mit dem Kontinent unter dem niederdrückenden Einflufs der reaktionären Politik der heiligen Allianz. Spenser Walpole schreibt: „Während der ersten paar Jahre, die Waterloo folgten, genossen die Engländer weniger wirkliche Freiheit als zu irgend einer Zeit seit der Revolution von 1688.[2])

Trotz der Anstrengungen, welche die Regierung zu ihrer Unterdrückung machte, organisierte Henry Hunt im Jahre 1816 in allen Teilen des Landes geheime Gesellschaften, welche den Zweck hatten,

---

[1]) William Lovett, Leben und Streben (London 1876, S. 167).
[1]) Spenser Walpole, Geschichte von England, Band I.

dieselben Ziele zu erreichen, die hauptsächlich in der Charte angegeben waren. Zu dieser Zeit, so berichtet Walpole von Sidmouth, kommen die niederen Schichten der Bevölkerung überall in grofsen Massen und sehr geräuschvoll zusammen. Abgeordnete aus allen Vierteln gehen unter ihnen umher, und sie machen viel Lärm und sprechen von einer allgemeinen Vereinigung der Arbeiterklassen.[1]) Die Arbeit war mit in einen allgemeinen Aufruhr gegen die Bedingungen ihrer Anwendung hineingezogen. Die Ausdrücke Radikale und Aufständische wurden beinahe gleichbedeutend. Im Jahre 1817 wurde die Habeas Corpus-Acte ausgegeben, und aufrührerische Versammlungen wurden verhindert. Es war der wohlerwogene Zweck dieser Akte, disputierende Gesellschaften, Vorlesungen und Lesezimmer zu beseitigen. Im Jahre 1816, '19, '22 und '23 traten krampfhafte Reformbewegungen ins Leben, die durch die Not der schlechten Ernten und die durch Änderung im Tauschmittel veranlafst waren. Aber mit der Rückkehr besserer Zeiten liefsen diese Bewegungen nach, sodafs der Wunsch nach Reform von dem Stande der Ernte oder von der Lage des Geldmarktes abzuhängen schien.

Vor der Einführung der Reform-Acte von 1832 hatte eine starke und sehr populäre Partei dem allgemeinen oder wenigstens dem Stimmrechte der Hausbesitzer, der geheimen Abstimmung und der Abkürzung der Parlamentsdauer das Wort geredet. Aber diese Vorschläge waren dem König und dem Grafen Grey so unangenehm, dafs der Versuch, sie mit der Acte zugleich im Jahre 1831 bei der Eröffnung durchzubringen, aufgegeben werden mufste, obgleich man sich eifrig bemüht hatte.[2])

Die Mittel- und Arbeiterklassen vereinigten sich jetzt beide in dem Schlachtruf um „die Bill, die ganze Bill und nichts als die Bill“. Die Idee war, wie die Führer der Arbeiterklassen später immer behaupteten, dafs, wenn sie sich mit der Mittelklasse zusammenthäten, um die Vorteile zu erlangen, welche durch die Acte der Mittelklasse gewährt werden würden, dafs die Mittelklassen, nachdem sie zur Macht gelangt wären, den Arbeiterklassen die weiteren Reformen, nach welchen sie strebten, zugleich mit solchen Gesetzen, die ihre Lebensbedingungen erträglicher machen würden, sichern würden. In der ersten Wahl der Mitglieder des Reform-Parlaments finden wir, dafs die Arbeiter die Kandidaten zu verpflichten suchen, dafs

[1]) Spenser Walpole, Geschichte von England, Band I. S. 430.
[2]) Molesworth, Geschichte von England, Band I, S. 271.

sie, wenn sie von den Arbeitern unterstützt würden, die Reformarbeit noch weiter ausführen wollten. The Poor Mans Guardian, das radikalste aller Arbeiter-Organe, enthielt die Versprechungen, die von den Kandidaten gefordert werden sollten. Die Kandidaten sollten eine Mafsnahme vorschlagen und unterstützen, welche für die Nation eine thatsächliche Reform des Hauses der Gemeinen herbeiführen sollte, die sich auf kurze Parlamente, Ausdehnung des Wahlrechts auf jeden unbescholteuen Mann, geheime Abstimmung und besonders kein Vermögenserfordernis für die Mitglieder begründen sollte.[1] Hier haben wir vier von den sechs Sätzen der Charte.

Viele Mitglieder wurden gewählt, welche die Pläne begünstigten, aber die grofse Mehrzahl des Unterhauses war gegen alle weiteren Zugeständnisse. Im Dezember 1832 erklärten Lord Althorpe und Stanley, dafs die Regierung mit einem vorbereiteten Teil der Reform hervorgetreten sei, welchen das Volk als die neue Charte ihrer Freiheiten angenommen habe. Die Reform war so weitgehend, dafs sie viele, die eingewilligt hatten, bis zum äufsersten gehen zu wollen, wegen des bestimmten Versprechens, dafs es eine endgültige Mafsnahme sein sollte, erschreckte. Wenn es deshalb versucht werden sollte, irgend ein Gesetz zur Verkürzung der Parlamentsdauer oder einer noch weitergehenden Änderung durch Beschützung, wie es fälschlich genannt wurde, der geheimen Abstimmung, durchzubringen, so kündigte er an, und er sprach im Sinne seiner Kollegen, dafs jede solche Mafsnahme auf ihren entschiedensten Widerstand stofsen würde. Die Regierung würde jedem Versuch einer ferneren Änderung oder Erweiterung der Reform-Bill widerstehen.[2]

Hier war also eine deutliche Erklärung, dafs die Arbeiterklassen nichts hinsichtlich einer Verbesserung von dem reformierten Parlament der Mittelklasse zu hoffen hatten. Die Aufregung legte sich, obgleich sie noch durch den Poor Mans Guardian und andere ungestempelte Zeitschriften angeregt wurde. Während dieser Zeit, wurde, anstatt ihre Bestrebungen den politischen Zwecken anzupassen, die Energie der besten Männer der niederen Klassen auf ausgesprochen soziale Zwecke gerichtet. Dies ist die Zeit der gröfsten Thätigkeit der Trade Unions, die Zeit der General-Union (Allgemeinen Verbindung) der Productive Classes (Arbeiterklassen), „welche in wenigen Wochen eine halbe Million Mitglieder erwarb." Die Jahre 1834. '35, '36,

---

[1] Poor Man's Guardian, Juli 21, 1832.
[2] Poor Man's Guardian, Dezember 29, 1832.

waren gute Erntejahre und Jahre, in denen die Geschäfte blühten, also Zeiten, die politische Aufregung nicht begünstigen. Ferner wurde von einem Teil der Arbeiter der Entschluſs gefaſst, zu warten, was ihre Verbündeten, die Mittelklasse, jetzt, wo sie die Macht erlangt hatten, für sie thun würden. Aber 1837 kam die groſse Bewegung für das Wahlrecht, für die Ausdehnung politischer Macht auf das Proletariat. Dies ist die Bewegung, welche wir unter dem Namen Chartismus kennen, eine Bewegung, die 15 Jahre dauern und so groſse Aufregung und Unruhe in England verursachen sollte, daſs zu Zeiten ein Umsturz der Regierung bevorzustehen schien. Die Prinzipien der Charte waren also seit zwei Generationen die Ziele der Reformer gewesen. Die beiden Fragen, warum 1837 die Bewegung plötzlich solche Ausdehnung erreichte und warum sie, da ihre Ziele nur politischer Natur zu sein scheinen, besonderes Interesse für den hat, der sich mit dem Studium der Nationalökonomie befaſst, sollen im folgenden untersucht werden.

Obgleich die Volks-Charte zuerst am 8. Mai 1838 veröffentlicht wurde, so hatte sie schon im Herbst desselben Jahres eine Million Anhänger gewonnen. Am 12. Juli 1839 wurde zu ihren Gunsten eine Bittschrift, welche 1 280 000 Unterschriften enthielt, dem Unterhause vorgelegt. Dieses schnelle Wachstum kam daher, weil die Ziele der Chartisten, obgleich sie dem Namen nach politische waren, in Wirklichkeit sozial waren. Bis zur Annahme der Reform - Bill von 1832 hatten die Mittel- und Arbeiterklassen zusammen nach dem Besitz politischer Rechte gestrebt. Aber in dem Jahre, in dem sie ihr Ziel erreicht hatten, hatten sich die Mittelklassen mit dem Landadel zusammengethan und überlieſsen die Arbeiterklassen sich selbst. Da diese letzteren verlassen waren, warfen sie sich in die Chartistenbewegung, welche damals vorwiegend eine Arbeiterbewegung war, die erste Bewegung des Proletariats in Europa. Wie ihr Anführer Feargus O'Connor es ausdrückte, war der Chartismus nichts weniger und nichts mehr als eine Arbeiterfrage. Rev. J. R. Stephens sagte: „Chartismus ist eine Messer- und Gabel-Frage, eine Brot- und Käse-Frage."

Der weitverbreitete und augenblickliche Erfolg der Bewegung rührte daher, daſs sie durch die Anhänger verschiedener Bewegungen, welche schon am Werke thätig waren, angeregt wurde, und daſs sie diese zu ihrer Unterstützung sammelte. Die erste dieser Bewegungen war der Owenismus, die zweite, die Bewegung zur Erlangung der Zehn-Stunden-Bill, die dritte erstrebte die Ablehnung des neuen

Armengesetzes, und die vierte die Birmingham-Bewegung, die von
dem Parlamentsmitglied Thomas Atuood geleitet wurde, verlangte
die Beseitigung von Peel's Currency Bill von 1819 und sprach sich
zu Gunsten der Ausdehnung der Circulating Medium (Umlaufsmittel)
aus. Zu diesen vier Bewegungen können wir kaum als eine fünfte
diejenige, welche die Aufhebung der Kornzölle bezweckte, hinzufügen,
denn im Jahre 1837 war eine derartige Bewegung noch nicht
organisiert worden. Aber von der Zeit an, als das Korngesetz 1815
durchging, fand keine grofse Arbeiterversammlung statt, in welcher
diese Gesetze nicht öffentlich angegriffen wurden. Ihre Gegner ver-
gröfserten und verstärkten die Chartisten-Bewegung.

Das wesentlichste dieser Elemente war der Owenismus, das ist
die Propaganda für die sozialen Lehren Robert Owens, welche allgemein als Sozialismus bekannt sind.

Robert Owens Sozialismus.

Wenn man die industrielle Revolution vom politischen Standpunkt aus betrachtet, so könnte man sich freuen, dafs sie kam zu
der Zeit als sie kam; denn nur die maschinellen Verbesserungen der
letzten Jahre des 18. Jahrhunderts haben es ermöglicht, dafs England
die grofse finanzielle Spannung aushalten konnte, der es während des
langen napoleonischen Krieges unterworfen war. Man kann in Wahrheit sagen, dafs Napoleon nicht von Englands Armeen besiegt wurde,
sondern von seinen Spinn- und Webemaschinen. Aber vom sozialen
Standpunkt aus kann man nur bedauern, dafs die Änderungen, die
das fröhliche England in das industrielle England, die Werkstatt der
Welt, verwandelten, kamen, als sie kamen; man kann nur bedauern,
dafs ein landwirtschaftliches, Korn ausführendes Land, mit halblehns-
pflichtiger Verwandtschaft der gegenseitigen Abhängigkeit zwischen
Gutsbesitzer und Pächter, Herr und Knecht, jetzt in ein Land von
überfüllten Städten, von grofsen Fabriken mit vielen Millionären und
tausenden von „Händen" und all dem Elend, was diese mit sich
bringen, verwandelt wurde. Da England mit aller Energie darauf
bedacht war, Napoleon zu besiegen, indem es fühlte, dafs es sich um
einen Kampf um nationale Existenz handele, war sein erster Gedanke

die Anhäufung des Kriegsnervs, des Geldes. Die Regierung machte sich nicht klar, dafs England mitten in einem sozialen und industriellen Kampf stand, der von viel gröfserer Wichtigkeit war, als der, auf den alle Bestrebungen gerichtet waren. Es war sicher, dafs das Land viel wohlhabender wurde, denn es trug eine Last von Steuern, welche vor 20 Jahren absolut unmöglich gewesen wäre. Oberflächlich betrachtet, schien alles glücklich zu sein. Grofse Summen wurden für Kriegsvorräte ausgegeben, die Fabrikbesitzer lebten immer luxuriöser, die Gutsbesitzer wurden immer reicher, die Kornpreise waren nie so hoch gewesen. Die bessere Klasse der geschicktesten Arbeiter nahm an dem Wohlstand teil.

Aber unter all dieser Wohlhabenheit war eine Masse Elend und Mangel verborgen, so grofs, wie sie England nie gekannt hatte. Die hohen Preise wurden nicht von hohen Löhnen begleitet. Schweigend, beinahe ohne Kenntnis seiner Gesetzgeber, wurde England umgeändert, und die Umwandlung brachte kein Maximum des Guten mit einem Minimum des Übels hervor, weil sie nicht richtig geleitet wurde. Nach und nach machte sich der Wechsel bemerkbar. Die Armut, das Elend traten von selbst, wenn nirgends anders, in den Gesichtern der Arbeiter zu Tage.

Der Krieg war vorüber, der (finanzielle) Geldabflufs wurde geringer, aber das alte England bestand nicht mehr. In den Jahren 1816, '17 und '18 war das Elend endlich zu grofs, um nicht gesehen zu werden. Nach Walpole „war die Arbeit in einem allgemeinen Aufruhr gegen die Bedingungen seiner Verwendung begriffen." Obgleich die Regierung ihre Augen nicht länger vor dem damals unter den Massen existierenden Elend verschliefsen konnte, so verstand sie deren Ursache nicht. Der Zusammenhang zwischen der Armut der Massen und dem neuen System der Industrie wurde nicht erkannt. Englands Bevölkerung war von acht und einer halben Million im Jahre 1790 auf zwölf Millionen im Jahre 1821 gewachsen, sodafs diejenigen, welche an die Malthusschen Lehren glaubten oder wenigstens es bequem fanden, sie anzunehmen, das weitverbreitete Elend der Übervölkerung zuschrieben.

Es gab nur einen Mann, der die Lage der Dinge begriff. Robert Owen allein erkannte, dafs dieser Mangel in Zeiten nationalen Überflusses ein neues ökonomisches Ereignis sei, nicht zufällig oder vorübergehend, sondern dafs er ein notwendiger Begleiter der neuen Industrie, wie sie damals gehandhabt wurde, sei. 1815 schrieb er: „Erst seit der Einführung des Baumwollhandels werden Kinder, in einem Alter, in dem sie weder Kraft noch geistige Unterweisung erhalten haben, gezwungen, in die Baumwollfabriken zu gehen, Schlupfwinkel in zu vielen Fällen, um dort als menschliche Skelette beinahe alles Verstandes beraubt, zu leben, wo sie, wie das Geschäft jetzt geführt wird, wenige Jahre eine elende Existenz ertragen, schlechte Sitten lernen, die sie dann in der Gesellschaft ausbreiten. Erst seit Einführung dieses Handelszweiges sind Kinder und auch Erwachsene genötigt, mehr als zwölf Stunden am Tage zu arbeiten, ohne Anrechnung der Zeit, die ihnen für die Mahlzeiten bewilligt ist. Erst seit der Einführung dieses Handelszweiges findet der Arbeiter seine einzige Erholung im Bierhause oder Schnapsladen. Erst seit Einführung dieser verderblichen Industrie hat Armut, Verbrechen und Elend rasche und schreckliche Fortschritte in den Gemeinden [1]) gemacht."

Und an einer anderen Stelle desselben Berichtes schreibt er: „Wenn wir auch wollten, wir können nicht zu unserem früheren Zustand zurückkehren, denn ohne den Baumwollhandel kann unsere vergröfserte Bevölkerung nicht erhalten, können die Zinsen unserer Staatsschuld nicht bezahlt, noch die Ausgaben für unsere Flotte und Armee beglichen werden. Unsere Existenz, als unabhängige Macht, hängt jetzt, wie ich leider zugestehen mufs, von dem Fortbestehen dieses Handelszweiges ab, weil kein anderer an seine Stelle gesetzt werden kann. Wahr ist es freilich, dafs die Hauptsäule und Stütze der politischen Gröfse und des Wohlstandes unseres Landes ein Fabrikat ist, welches, wie es jetzt ausgeführt wir, zerstörend auf die Gesundheit, Moral und das soziale Wohlbefinden der Masse wirkt, die damit beschäftigt ist ..... So grofses Interesse ich an der Baumwollindustrie nehme, so hoch ich auch die ausgedehnte politische Macht meines Landes schätze, dennoch, da ich aus langer Erfahrung das Elend kenne, welches dieser Handel, wie er jetzt gehandhabt wird, jenen bringt, denen er Beschäftigung giebt, dennoch zögere ich nicht, es auszusprechen: „Vernichtet die Baumwollindustrie, zerstört selbst die politische Macht unseres Landes, wenn sie von dem Baumwollhandel abhängt, lieber, als dafs sie durch die Aufopferung alles dessen, was das Leben wertvoll macht, aufrecht erhalten werden soll." [2]) Da Owen sah, dafs die Übelstände von dem damals herrschenden Fabriksystem unzertrennlich waren, suchte er ein

---

[1]) Lloyd Jouls, Leben und Zeiten des Robert Owen (London 1891), S. 145.
[2]) Lloyd Jourl, Leben und Zeiten des Robert Owen (London 1891), S. 146.

Mittel zur Abhilfe zu finden. Schon 1796 sehen wir, wie er in seinen Fabriken in Lanark klarlegt, dafs alle diese Übelstände durchaus gar nicht eine nötige Folge des neuen Systems der Industrie sein müssen. Wir finden ihn als höchst eifrigen Arbeiter an Gesetzen, die den Fabrikbesitzern Beschränkungen auferlegen und die Arbeiter schützen sollen. In derartigen Mafsnahmen sah er nur vorläufige Milderungen. Er selbst strebte nach Mitteln, welche nicht nur die Leiden der Fabrikarbeiter lindern sollten, sondern die das Fabriksystem zu „des Mannes Feiertag anstatt zu seinem Fluch" machen sollten. Ebenso wie Thomas Paine, der Begründer „politischer Ideen unter dem englischen Volke war", schreibt Holyoake, „so war Robert Owen der Begründer sozialer Gedanken unter ihm." Es gab soziale Ideen in England vor den Tagen Owens ebenso wie es politische Ideen vor den Tagen Paines gab. Aber Owen gab den sozialen Gedanken Form und Kraft.[1])

Die Grundlage von Robert Owens Sozialphilosophie ist die, dafs das Individuum nur das Geschöpf seiner Umgebung ist und deshalb nicht für seinen Charakter, ob gut oder böse, verantwortlich gemacht werden könne, da er nur als die Wirkung der äufseren Einflüsse angesehen werden könne.

Hieraus folgt, wie er in seiner View of Society 1813 veröffentlicht, dafs, „jeder Charakter, vom besten bis zum schlechtesten, vom dümmsten bis zum klügsten irgend einer Gemeinde aufgeprägt werden kann, ja selbst der Welt im grofsen, indem man gewisse Mittel anwendet, die zum grofsen Teil auf Befehl oder unter Kontrolle oder leicht von denen gebraucht werden können, die die Herrschaft über die Nationen besitzen."[2])

Dies ist eine Idee, welche in den Arbeiterklassen Englands, deren Einflufs wir fortwährend in jeder Arbeiterbewegung der nächsten 40 Jahre wiederfinden, tief Wurzel fafste.

Owen, als einer der erfolgreichsten Fabrikanten seiner Zeit, erkannte alle Vorteile einer organisierten Industrie. Er sah ein, dafs der Tag der kleinen, verstreuten Industrie vorüber war, dafs der Tag der Maschine angebrochen war. Da die Arbeiter unterdrückt wurden in ihrem blinden, hilflosen Kampf mit den neuen Wesen von Eisen und Dampf, suchten sie die Maschinen zu zerstören. In den Jahren 1816, '17

---

[1]) A. J. Holyoake. 60 Jahre aus dem Leben eines Agitators (London 1893), Band I. S. 115.
[2]) Robert Owen, Ansicht der Gesellschaft (London 1813), S. 8.

liest man fortwährend von den Untersuchungen gegen solche Arbeiter und deren Verurteilungen, die die neue Maschine zu zerstören versuchten. Owen sah, dafs das Übel nicht in der Maschine zu suchen sei, sondern darin, dafs sie unverantwortlicherweise im Besitz einer geringen Anzahl von Idividuen waren. Er sah ein, dafs das Elend der Zeit nicht unvermeidlich war, sondern das es davon herrührte, dafs die Gesellschaft die Mittel, die ihr zu Gebote standen, nicht für das Wohl ihrer Mitglieder als ein Ganzes anwendete. 1820 kündigte er seine grofse Entdeckung an, dafs „die natürliche Wertschätzung hauptsächlich in menschlicher Arbeit bestehe, deren vereinte körperlichen und geistigen Kräfte zur That aufgerufen werden."

Wenn also Arbeit der Mafsstab des Wertes (Wert-Regulator) und die Quelle des Wohlstandes ist, wie kommt es, dafs die Arbeiter, die den Wohlstand hervorbringen, sich in solch elendem Zustand befinden? Es kommt daher, weil sie nur einen Teil dessen erhalten, was sie verdienen. Das Mittel ist demnach, dafs, übereinstimmend mit der neuen Organisation industrieller Fortschritte, eine selbständige Arbeiterorganisation bestehen sollte, welche bewirken müsse, dafs sie den vollen Lohn ihres Fleifses geniefsen könnten.

„Von da an richtet sich Owens Bestreben auf die Organisation der Arbeit und das Bedecken des Landes mit Industriestädten, die sich selbst erhalten, in welchen gut angelegte materielle Grundlagen moralisches Leben möglich machen sollten, in denen die Arbeit so viel als möglich durch Maschinen ausgeführt und wo Unterricht, Erholung und Belohnung gewährt werden sollte." Statt für die Welt sollten die Gemeinden für sich selbst arbeiten und in eigenen Händen die Frucht ihrer Arbeit behalten, und der Handel solle nur ein Austausch des Überflusses und nicht eine Existenznotwendigkeit sein.

Solche Ideen waren es, die Owen lehrte und die er einer grofsen Menge der intelligenteren Arbeiter Englands gründlich einimpfte. Da sie zu einer Zeit kamen, in der die Lage der englischen Arbeiterklassen eine der schlimmsten war, zeigten sie ihnen einen Ausweg, eine Vision von etwas, was aufserhalb ihres augenblicklichen elenden Zustandes lag. Sie gab ihnen eine Idee von der Macht der Vereinigung, um Entschlüsse auszuführen, eine Idee teilnehmenden Mitgefühls mit ihren Mitarbeitern, eine Idee von Gemeinschaftlichkeit. Ohne den

---

[1] Lloyd Jones, Leben und Arbeit von Robert Owen (London 1891). Band II S. 21.

Einfluſs des Owenismus würde der groſse Aufschwung der Handels-
verbindung in den dreiſsiger Jahren unmöglich gewesen sein.

Die ersten Früchte von Owens Ideen waren jene vereinigten
Warenhäuser in den zwanziger Jahren, welche die leitenden Schulen
für so viele künftige Anführer der Arbeiterklassen wurden. Zwei von
ihnen waren William Lovett und J. Watson. Die Bewegung für
diese Warenhäuser dauerte einige zehn Jahre. Owens Idee verwirk-
lichte sich zuerst in der Arbeiterbörse, welche ein praktisches
Experiment war, das sich auf seine Werttheorie gründete. Im
Jahre 1834 fing die groſse Propaganda für seine Gemeindeprinzipien
an. Aber wie sollten seine Grundsätze verwirklicht werden, wie
sollten die Industrieen den Arbeitern selbst übergeben werden, an-
gesichts der Opposition der besitzenden Klassen?

Owen dachte nicht daran, noch war es sein Wunsch, dies durch
Gewalt auszuführen. Er war in keinem Sinne ein Revolutionist.
Er hatte unbegrenztes Vertrauen zu der Macht der Erziehung und
zu der Verantwortlichkeit des Menschen der Wahrheit gegenüber. Da
er glaubte, die Wahrheit kennen, hieſse auch sie ausführen, begann
er einen Organisationsversuch, England zu seinen Gemeindeprinzipien
zu bekehren und regte eine Bewegung an, welche bis 1845 in vollem
Gange war. Bücher, Flugschriften und Zeitungen wurden veröffentlicht, Redner nach allen Richtungen hin ausgeschickt, und es
wurde fortwährend gepredigt, daſs eine neue moralische Welt nicht
fern sei und daſs sie alle Tage kommen könnte, unbemerkt, wie der
Dieb in der Nacht.

Diese Bewegung war also 1837 unter den Arbeiterklassen in
vollem Gange, als die Arbeitervereinigung mit der Charte hervortrat.

Die Bestrebung für die Zehnstundenbill.

Wir wenden uns nunmehr zu der zweiten der Bewegungen, welche
ihre Kraft der Kraft des Chartismus liehen. Diese zweite Bewegung, welche zu Gunsten eines Zehnstundengesetzes stattfand, ver-
dankte man auch hauptsächlich den Anstrengungen und dem Einfluſs
Robert Owens.

Im Jahre 1802 brachte Sir Robert Peel, der die Übelstände,

denen Gemeindelehrlinge ausgesetzt waren, und die wirkliche
Sklaverei, in der sie lebten, wahrnahm, im Parlamente das Gesetz
durch, welches bekannt ist als „ein Gesetz für die Bewahrung der
Gesundheit und der Sitten der Lehrlinge und anderer in Baumwoll-
und anderen Fabriken Beschäftigter." Die Hauptpunkte dieses Gesetzes sorgten für Beschränkung der Arbeitszeit für Lehrlinge auf
zwölf Stunden den Tag; für die allmähliche Abschaffung der Nacht-
arbeit bis Juni 1804, wo sie gänzlich aufhören sollte, und für
Unterricht, bessere Kleidung, Wohnung und Nahrung der Lehrlinge.
Das Gesetz, ein bleibendes Ehrenzeichen für Peel, war für diese
hilflose Klasse von ungeheurem Nutzen. Aber es ist interessant zu
bemerken, daß, als Peel dem Parlament die schrecklichen Thatsachen
bezüglich überanstrengter Lehrlinge darlegte, es seine gröfste Sorge
war, nicht die Reform zu beschleunigen, sondern das Parlament davon
abzuhalten, die Dauer der Arbeitszeit soweit zu verkürzen, dafs sie die
Fabrikbesitzer beeinträchtigte.

Die Theorie, auf der diese erste Gesetzgebung sich gründete,
war die, dafs, da die Lehrlinge aus der Gemeinde ausgeschlossen
waren, der Staat ihr natürlicher Beschützer sei, und dafs er nur die
natürlichen Rechte eines Vaters ausübte, wenn er zu ihren Gunsten
Gesetze schuf. Die Notwendigkeit für diese Gesetzgebung hatte sich
auf folgende Weise herausgestellt. In den früheren Zeiten des
Fabrikbetriebes waren die Fabriken wegen der bewegenden Kraft in
gebirgigen Gegenden an den Ufern von Flüssen gebaut worden. In
solchen Gegenden war natürlich Mangel an Arbeitern, um die Be-
triebe in Gang zu setzen. Um diesem Bedürfnis abzuhelfen, waren
grofse Mengen von Kirchspielkindern von allen Teilen Englands her-
beigebracht worden, um in den Fabriken zu arbeiten. Und um den
Mifsbräuchen ein Ende zu machen, denen diese Kinder unterworfen
waren, hatte das Parlament die vorhergehenden Gesetze angenommen.

Aber jetzt war eine weitere Änderung eingetreten. Der Dampf
wurde als bewegende Kraft eingeführt. Fabriken wurden jetzt in
bevölkerten Städten gegründet, wo Arbeiter im Überflufs gefunden
werden konnten. Unbeschränkte Massen von Kindern, die durch kein
Gesetz geschützt waren, konnten jetzt hereingezogen werden. Das
Lehrlingssystem wurde aufgegeben, und die Lage der Kinder in den
Fabriken war ebenso schlecht wie vor dem Gesetz von 1802. Robert
Owen war es, der sich zuerst der Sache der Kinder annahm. Er erkannte die Mifsstände des damaligen Systems und war der Ansicht,

dafs es vom sozialen Standpunkt aus unklug und vom geschäftlichen Standpunkt unökonomisch sei. Unter Mitwirkung von Sir Robert Peel brachte er im Juni 1816 die Frage der Fabrikarbeit und Fabrikregulierungen vor das Parlament. Die Lage der Dinge hatte sich seit 1802 aufserordentlich verändert. Der Fabrikbetrieb hatte sich weiter entwickelt; die Fabrikbesitzer hatten die grofse Einträglichkeit der bezüglich der Stunden unbegrenzten Kinderarbeit entdeckt und sie vereinigten ihren mächtigen Einflufs gegen den Gesetzentwurf. Für diese Zeit mufste man ihn notwendigerweise fallen lassen. Aber am 3. April 1816 beantragte Sir Robert Peel, eine Kommission einzusetzen, um die Lage der in Fabriken beschäftigten Kinder zu untersuchen.

Die Resultate, welche sich aus den Untersuchungen dieser Kommission ergaben, gestalteten sich zu dem von Robert Peel im Jahre 1818 eingeführten Gesetz, welches im Februar 1819 gänzlich angenommen wurde. Es bestimmte, dafs Kinder unter neun Jahren nicht in Baumwollfabriken beschäftigt werden sollten, dafs Kinder von 9—16 Jahren, wenn sie dergestalt beschäftigt waren, unter dem Schutze des Parlaments stehen sollten und dafs ihre Arbeitszeit auf elf Stunden einschliefslich der Essenszeiten beschränkt werden sollte. Infolge der Opposition der Fabrikbesitzer wurde das Gesetz vom Hause der Lords erst im Juni 1819 angenommen. Es wurden für die Kinderarbeit zwölf Stunden festgesetzt einschliefslich anderthalb Stunden für das Essen. Für die Verletzung der Gesetzesvorschriften wurden Strafen nicht unter 10 Pfund und nicht über 20 £ festgesetzt. [1]) Da das Gesetz auf Baumwollfabriken beschränkt war und da nur unwirksame Mittel zur Durchführung des Gesetzes vorgesehen waren, während die Höhe der Strafen den Fabrikbesitzern erlaubte, es beständig zu übertreten, so erwies sich das Gesetz als unfähig, die Hoffnungen seiner Verteidiger zu erfüllen, obgleich es einige gute Wirkungen hervorbrachte und mit den Grenzen der Gesetzgebung im Einklang stand.

Soweit waren die Bemühungen zur Reform des Fabrikbetriebes philanthropischer Natur gewesen und von Männern der höheren Stände gemacht worden.

Aber endlich begann im Jahre 1830 unter den Arbeitern selbst ein zielbewufstes Streben, ihre eigene Lage zu bessern. Jetzt begann die erste systematische Bestrebung, um einen kürzeren Arbeitstag zu

---

[1]) Alfred, History of the Factory Movement (London 1857), vol. I, p. 85.

erlangen und sie gipfelte in der erfolgreichen Annahme des Zehnstundengesetzes (Ten Hour Bill) im Jahre 1847.

Der Anstofs zu dieser Bewegung rührte nicht von einem Fabrikarbeiter her, sondern von Richard Oastler, nachmals als „Fabrikkönig"
bekannt.

Im Jahre 1830, als Oastler seinen Freund Mr. Wood, einen
Fabrikbesitzer in Bradford, besuchte, wurde seine Aufmerksamkeit
auf die lange Arbeitszeit der Kinder in den Wollbetrieben von
Yorkshire und auf die Grausamkeiten gelenkt, die den Kindern zu
teil wurden. Auf seine Nachforschungen fand er, dafs in gewissen
Fabriken kleine Kinder 14, 15, 16 und selbst 18 Stunden täglich
arbeiteten, ohne dafs besondere Zeiten für das Essen bestimmt waren,
und dafs Marterwerkzeuge angewendet wurden, um sie zur Arbeit
anzustacheln.[1]) Entsetzt über diese Entdeckungen begann er in
Yorkshire sofort für das Zehnstundengesetz zu agitieren, dessen Geschichte in so beredten Worten von Alfred in seiner Geschichte
der Fabrikbewegung [History of the Factory Movement] erzählt
worden ist.

Es liegt nicht in unserem Bereich, diese Bewegung zu beschreiben,
welche zu ihren Anhängern Männer wie Lord Ashley und Thomas
Sadler zählte und welche die Gemüter der Arbeiterbevölkerung
in Yorkshire und Lancashire so sehr aufregte, dafs sie alle Hoffnung
für ihre Kinder auf die Annahme des Gesetzentwurfs setzten.

Wir können nur einige Züge der Bewegung erwähnen. Als
Hobhouses Gesetzentwurf betreffs Beschränkung der Kinderarbeit in
Fabriken fehlschlug, weil er so verbessert war, dafs er sich nur auf
Baumwollfabriken bezog, nahm Mr. Sadler die Sache im Parlament
auf. Aber die Opposition war so grofs, dafs er das annehmen
mufste, was damals ein beliebtes Mittel war, die Gesetzgebung auf-
zuschieben, nämlich eine Untersuchungskommission. Da Mr. Sadler
in der Wahl zum Reform-Parlament unterlegen war, nahm Lord
Ashley das Gesetz auf und brachte es schliefslich 1847 durch. Einstweilen kam der von Lord Ashley verbesserte Gesetzesvorschlag im
Unterhause zur zweiten Lesung. Das Gesetz beschränkte die Arbeitszeit für Frauen und junge Mädchen auf täglich zehn Stunden und
enthielt eine Klausel, die darauf hinauslief, persönliche Bestrafungen
für dreimalige Übertretung des Gesetzes festzusetzen. Diese Klausel
richtete sich entschieden gegen die Fabrikanten. Nun begann (in

---

[1]) Alfred, vol. I, p. 96.

allen Städten) eine lebhafte Agitation zu Gunsten der Vorlage Lord Ashleys. In kurzer Zeit wurden in allen Städten Komitees gebildet und grofse Volksversammlungen abgehalten. Alfred schreibt: „Von allen sozialen und politischen Bewegungen, die wir kennen, ist noch keine an Einmütigkeit, Energie und Zähigkeit der für das Fabrikgesetz gleich gekommen. Im Unterhause wurde Mr. Oastler höhnisch mit Peter dem Einsiedler verglichen, weil er in so kräftiger Weise die Rechte seiner jugendlichen Schützlinge predigte." [1]) So grofs war die Menge seiner Zuhörer, dafs z. B. in Wilsey Moon (Yorkshire) sich 120 000 Personen versammelten, um ihn sprechen zu hören. Aber trotz des grofsen Interesses der Fabrikarbeiter und trotz des Ernstes mit dem ihre Sache im Unterhause vertreten wurde, fiel Lord Ashleys Entwurf durch. An seiner Stelle legte die Regierung einen Vorschlag vor, welcher bestimmte, dafs vom 1. Januar 1836 an kein Kind unter zehn Jahren in Fabriken oder sonstigen Betrieben arbeiten sollten, Seidenfabriken ausgenommen; dafs sechs Monate nach Annahme des Gesetzes kein Kind unter elf Jahren, dafs 18 Monate nachher kein Kind unter zwölf Jahren, 30 Monate nach Annahme des Gesetzes keins unter 13 Jahren länger als 48 Stunden in der Woche und über neun Stunden täglich arbeiten dürfe. In Seidenfabriken sollten Kinder unter 13 Jahren nur zehn Stunden an einem Tage arbeiten dürfen.

Dieses neue Gesetz, das von der Regierung vorgelegt wurde, wurde von allen Anhängern des Zehnstundenarbeitstages gemifsbilligt. Die Enttäuschung der arbeitenden Stände war ungeheuer. Sie hatten viel von Lord Ashleys Gesetz erhofft, und es war nichts daraus geworden. Sie nahmen scharf Stellung gegen die Reformregierung. Zwar gaben sie die Agitation nicht ganz auf, aber ihr Glaube an den guten Willen des Staates, ihnen zu helfen, war dahin, und sie waren zur Unterstützung jeder Bewegung bereit, von der sie Hülfe erhoffen konnten.

Fast gleichzeitig wurde ihre Erbitterung und Feindschaft gegen die bestehende Regierung durch das Einbringen des neuen Armengesetzes gesteigert. Denn dies überzeugte sie noch mehr, dafs sie von der Regierung nichts zu hoffen hätten. In der Agitation für die Abweisung des verhafsten neuen Armengesetzes ging die für den Zehnstundentag einstweilen auf. Man empfand einen so engen Zusammenhang zwischen beiden, dafs fast alle Anhänger des Zehnstundengesetzes, Lord Ashley ausgenommen, aus allen Kräften gegen das

---

[1]) Alfred, History of the Factory Movement.

neue Armengesetz protestierten. Von nun an hatten beide Bestrebungen dieselben Anhänger und wurden in denselben Versammlungen zusammen verhandelt. Die Gedanken der Anhänger des Zehnstundengesetzes lassen sich am besten durch Richard Oastlers Worte ausdrücken: „Ich bin häufig gefragt worden, welcher Zusammenhang bestehe zwischen dem Zehnstundengesetz und dem neuen Armengesetz. Diese beiden Fragen waren, sind, und werden immer untrennbar verbunden sein. Es war klar, daſs das neue Armengesetz dazu benutzt werden sollte, um die Sklaverei in den Fabriken fortzusetzen. Das Zehnstundengesetz sollte jene Sklaverei aufheben. Es war klar, daſs das neue Armengesetz die Löhne der Fabrikhandwerker herabsetzen sollte. Das Zehnstundengesetz war, wie ich immer glaubte und behauptete, dazu bestimmt, diese Löhne zu erhöhen. Es war klar, daſs das neue Armengesetz durch Einführung von Familien landwirtschaftlicher Arbeiter in die Fabrikbezirke das Arbeitsangebot in Fabriken vermehren sollte. Das Zehnstundengesetz beabsichtigte und bezweckte, diese Konkurrenz zu vermindern.

Aus diesen und anderen sehr gewichtigen Gründen haben wir, wie ich denke, sehr klug und, als Anhänger des Zehnstundengesetzes, sehr übereinstimmend beschlossen, die Annahme des neuen Armengesetzes zu bekämpfen." [1])

Wir wenden uns nun zu der noch gewaltigeren Bewegung, welche vielleicht mehr als irgend eine andere die bittersten Gefühle in der industriellen Geschichte Englands erregt hat und welche so lebendig mit der vorhergehenden Bewegung verknüpft ist: die Bewegung zur Aufhebung des neuen Armengesetzes.

Der Gegensatz zum neuen Armengesetz.

Die Handhabung des Armengesetzes vor 1834 brachte nach Molesworths Beschreibung ein Übermaſs von Verderben, Ruin und Verbrechen unter der englischen Bevölkerung hervor. Ganze Gemeinden, in denen parochiale Unterstützung an Stelle der Löhne gesetzt worden war, waren verarmt. Landwirte entlieſsen ihre Arbeiter, um sie dann wieder anzunehmen, von der Gemeinde besoldet; Fabrik-

---

[1]) Alfred, vol. II, p. 79.

besitzer in Durham nahmen denselben Plan an, und die Last, die
Löhne ihrer Arbeiter zu bezahlen, wurde auf die Krämer und andere
Beisteuernde gewälzt. Das System demoralisierte alle Klassen der
Arbeiter, zerstörte Wahrhaftigkeit, Fleifs, Mäfsigkeit und alle häus-
lichen Tugenden und brachte Laster, Verkommenheit und Trunk-
sucht hervor. [1])
Vom finanziellen Standpunkt aus schrieb Mr. Fawcett: Durch
die vor dem Jahre 1834 gewonnene Erfahrung wurde bewiesen, dafs
es für ein Land unmöglich ist, lange die Verpflichtungen zu erfüllen,
allen Bewerbern Unterstützung zu gewähren, wenn nicht gehörige Beschränkungen auferlegt werden; das Kapital, das zu einem solchen
Zwecke nötig ist, würde bald den ganzen Ertrag des Bodens auf-
zehren, und würde einen gröfseren Betrag fordern, als er durch die
gesamte jährliche Einnahme der Nation repräsentiert wird."
Harriet Martineau schrieb: „Einem halb Dutzend Landbewohnern
.... verdankt unser Land vornehmlich seine Errettung von der er-
schreckendsten Gefahr, welche seinen sozialen Zustand jemals be-
drohte und seine verhältnismäfsige Säuberung von dem schlimmsten
Gewebe von Verderbnis, welches vielleicht jemals durch irgend eine
Institution aufser die der Sklaverei verursacht ist, für die es in
irgend einem Zeitalter verantwortlich war." [2])
Man könnte leicht solche Urteile vernehmen über die Übelstände
in der Ausführung der alten Armengesetzgebung, welche durch das
neue Armengesetz von 1834 beseitigt wurden.
Dieselben Autoritäten sprechen ebenso rückhaltslos über die
Wohlthaten des neuen Armengesetzes. Dies wurde, soweit es sich
erstreckte, vollständig gebilligt und es verkörperte thatsächlich die
Ideen solcher Denker wie James Mill, Hassan Senior, Harriet
Martineau, Lord Brougham und anderer derselben Schule. Es ist
ein Gesetz, welches von der Mehrheit der englischen Geschichts-
schreiber und Volkswirte als die Rettung Englands vor dem drohenden
Untergang gepriesen wurde. Wie war es aber dann möglich, dafs
solch ein Gesetz fast zu offener Empörung von Tausenden englischer
Arbeiter führte und die strengsten Androhungen einiger der besten
Männer in allen Klassen der englischen Gesellschaft erhielt? Wie
geschah es, dafs es aufserordentlich heftig von der konservativsten
aller Zeitungen, der Times, angegriffen und von dem Tory Disraeli

[1]) History of England, London 1886, vol. I, p. 511.
[2]) Harriet Martineau, Geschichte Englands. Berlin 1853, vol. II, p. 243.

als ein Gesetz hingestellt wurde, welches auf einem die ganze soziale Pflicht des Staates beleidigenden Grundsatz aufgebaut sei?[1]) Wie war es möglich, dafs Lord John Russel sagte, der Chartismus habe mit der Agitation gegen das neue Armengesetz begonnen? Mit anderen Worten, welches ist die Beziehung zwischen dem neuen Armengesetz und der Chartistenbewegung und, warum geben wir bis zu einem gewissen Grade die Behauptung Lord Russels zu und sagen, dafs neue Armengesetz sei eine der Hauptursachen der Chartistenbewegung gewesen? Niemand leugnet, dafs das berühmte 43. Gesetz, der Elisabeth, welches bis 1834 die Grundlage der Armengesetzverwaltung war, im ganzen ein befriedigendes Gesetz war, da es anerkannte, dafs die körperlich Unfähigen, die Alten und Gebrechlichen vom Staate unterstützt werden sollten, wenn sie nicht für sich selbst sorgen konnten. Zwei Jahrhunderte lang erwies es sich als genügend sowohl für den, der Unterstützung gab, als auch für den, der sie empfing. Erst im Jahre 1796 wurde die Nützlichkeit des alten Gesetzes zerstört und es begannen daraus die Übelstände hervorzugehen, welche oben von Molesworth beschrieben sind.

Um diese Zeit wurde William Pitt gebeten, ein Gesetz durchzubringen, welches einen Minimaltarif für den Lohn festsetzen sollte, gerade wie früher ein Maximum bestimmt worden war. Er antwortete, er würde etwas Besseres als das thun und gemäfs dem Grundsatz, jedem zu bewilligen, was er bedürfe, würde er ein Gesetz durchbringen, welches den Friedensrichtern erlaubte, aufser dem Lohn noch Unterstützung zu gewähren. Es kann nicht bezweifelt werden, dafs von dieser Zeit an die Folgen verhängnisvoll waren. Die Unabhängigkeit des Arbeiters, besonders in den landwirtschaftlichen Gegenden, wurde vernichtet; Leichtsinn und Mittellosigkeit wurden durch ein Gesetz gefördert, welches einem Mann im Verhältnis zur Zahl seiner Kinder Unterstützung gewährte, welches veranlafste, dafs sein Lohn untergeordnet und anzukämpfen war, während der Normallohn aus den Armengeldern zusammengebracht wurde. Das System machte den Arbeiter arm. An vielen Orten wurde es wegen des unwirksamen Abschätzungssystems für die Besitzer von Landeigentum zu einer unerträglichen Last. Was waren nun die vom neuen Armengesetz veranlafsten Änderungen, welche so viel böses Blut unter den arbeitenden Klassen Englands machten? Die hauptsächlichsten Verfügungen, welche von den Kommissionären des neuen Armengesetzes

---

[1]) Hausard, vol. XLIX, July 12.

empfohlen wurden und schliefslich Gesetz wurden, waren folgende, von denen die erste die wichtigste war, später bekannt als der „Workhouse Text."

1. Alle Unterstützung für kräftige Personen, aufser in gut geordneten Arbeitshäusern sollte für ungesetzlich erklärt werden.

2. An Stelle des alten Unterstützungssystems unter der Aufsicht der Gemeinde und der Friedensrichter sollte eine Zentralbehörde bestimmt werden, um für ganz England die Verwaltung zu beaufsichtigen, Vorschriften betreffs der Gewährung von Unterstützungen zu geben und durchzuführen, und die Bestimmungen einheitlich zu machen.

3. Bildung von Vereinigungen der Gemeinden, welche ein gemeinsames Arbeitshaus für den Bezirk festsetzen und bauen sollten.

4. Abschaffung des Heimatsrechtes, aufser bei Niederkunft, bis die Kinder 16 Jahre alt sind, bei Verheiratung der Frauen und bei Geburt.

5. Die Last zur Unterhaltung unehelicher Kinder soll auf die Mutter gewälzt werden.

Die erste dieser Verfügungen erregte den Hafs der Massen. Von den Bevollmächtigten wurde darauf gesehen, dass die Lage des Almosenempfängers weniger günstig sein sollte, als die des am kärglichsten bezahlten, unabhängigen Arbeiters. Wenn wir uns erinnern, dafs Tausende von Handwebern zu dieser Zeit bei einem Durchschnittslohn von $11\frac{1}{2}$ Pence wöchentlich ihr Leben fristeten und wenn das Lebensverhältnis der Arbeitshäuser noch niedriger als diese stehen sollte, so können wir leicht einsehen, warum die Lebensweise in diesen Arbeitshäusern so streng wie möglich gestaltet wurde, dafs die Nahrung aufserordentlich kärglich bemessen wurde mit dem ausdrücklichen Zweck, den Arbeiter vom Eintritt abzuschrecken. Zur Bequemlichkeit der Verwaltung und in gewissem Grade auch, um das weitere Anwachsen eines Geschlechts von Almosenempfängern zu verhindern, wurden die Insassen streng gesondert, Männer, Frauen und Kinder, alle wurden geschieden. Das veranlafste natürlich notgedrungen die Trennung von Mann und Frau, von Verwandten und Kindern und wurde als eine unnötige Bedrückung empfunden. Das Ziel des Komitees ist am besten ausgedrückt in den Worten von Mr. Mott, des Hilfsbevollmächtigten des Armengesetzes, welcher Mr. Oastler versicherte, dafs, „wenn die Bezirks-Arbeitshäuser im Laufe ihrer Errichtung gefüllt würden, das Gesetz sich als verfehlt erweisen würde, da der Zweck bei Erbauung dieser Bezirksarbeitshäuser sei, darin eine so strenge und abstofsende Disziplin festzusetzen, um sie zum Schrecken der Armen zu machen und jene vom Eintritt abzuhalten. Durch diese Vorlage werden unsere Grundsätze erprobt werden; wenn die Bezirkshäuser besetzt werden, so hatten wir Unrecht; aber wenn sie leer bleiben, dann werden wir wissen, dafs wir Recht hatten. [1])

Es ist schwer für uns, uns lebhaft die Gefühle vorzustellen, welche durch diesen Arbeitshausentwurf unter den Arbeitern Englands erregt wurden. Heutzutage denken verhältnismäfsig wenig industrielle Arbeiter daran, dafs sie je gezwungen sein könnten, ins Armenhaus zu gehen. Es giebt im allgemeinen reichlich Arbeit, die Löhne sind verhältnismäfsig hoch, und nur die Faulen, Leichtsinnigen, Kranken oder Unglücklichen brauchen seinen Schatten zu fürchten.

„Aber in den ersten 40 Jahren dieses Jahrhunderts erwartete fast jeder Fabrik- oder Landarbeiter," wie uns Holycake erzählt, „früher oder später dorthin zu gehen. So war der Hafs gegen das neue Armengesetz wohl begründet. Seine furchtbare Strafe, glaubte man, würde nicht nur sich auf den Träger beziehen, sondern auch allgemein auf das arbeitende Volk, welches durchaus nicht mehr sparen konnte und auch nicht bei dem gröfsten Fleifs für die Zukunft sorgen konnte, wenn Krankheiten und Alter über sie käme. Die Hoffnungslosigkeit der ehrlichen Arbeiter, die diesem Schicksal entgegengingen, erweckte wilden und unbeugsamen Hafs gegen die Strafverfügungen, die durch das neue Armengesetz im Arbeitshaus eingeführt wurden." [2])

Die Lage des Arbeiters war unter dem alten Armengesetz schlecht genug gewesen. Er war verarmt, er war seiner Unabhängigkeit beraubt worden, seine Löhne waren verkürzt worden und zwar weit unter das Mafs, was durchaus zum anständigen Leben nötig war. Aber unter dem alten Gesetz war er doch noch vor dem vollständigen Hungertode geschützt, und er konnte immer einen dürftigen Unterhalt erhoffen. Unter dem neuen Armengesetz war das nach der Meinung des Arbeiters nicht mehr möglich. Aber die guten Ernten des Jahres 1835/36 boten eine günstige Gelegenheit, die Bestimmungen des neuen Gesetzes in Kraft treten zu lassen. Wegen der billigen Nahrung und der reichlichen Arbeit fühlte man die

[1]) Alfred, vol. II, p. 79.
[2]) Holycake, Life of the Rev. J. R. Stephens. London. p. 47.

Härte der neuen Bestimmungen nicht sehr. Die Unzufriedenheit war grofs und der Protest laut, aber wenig Not machte sich bemerkbar, im Gegenteil, die Lage des Arbeiters besserte sich bedeutend. Aber im Jahre 1837, als die Jahre der schlechten Ernten begannen, machten sich die Wirkungen des neuen Gesetzes fühlbar und riefen eine rasende Opposition hervor.

Die Arbeiter Englands glaubten ein altes Recht auf die Armenunterstützungen zu haben. Sie gründeten ihre Ansprüche auf historischem Boden, indem sie auf die Thatsache hinwiesen, dafs das Armengesetz der Elisabeth notwendig war bei der Auflösung der Klöster, deren Einkünfte immer zu éinem Drittel den Armen gegeben worden waren. Sie behaupteten, dafs die Kirchengüter den grofsen Familien gegeben worden wären, die diesen Ansprüchen der Armen unterworfen waren; dafs das Armengesetz notwendig wäre, nur, weil dem Volke das Land zuerst gestohlen worden wäre, dafs das Recht der Armen auf Unterstützung demjenigen des Grundbesitzers auf Rente vorherginge. Das war die Behauptung des Mr. Walter von den Londoner Times. Richard Oastler und Rev. J. R. Stephens predigten, das Recht des Engländers auf Auskommen in seinem Heimatslande, und zwar nicht ein kärgliches Auskommen, sondern ein reichliches Auskommen wäre das heiligste aller Rechte und wäre immer als ein Bestandteil der englischen Verfassung angesehen worden.

Das Reformgesetz von 1832 hatte dem grundbesitzenden Adel die Macht aus den Händen genommen und sie dem Mittelstande gegeben, der sich als Freund der arbeitenden Klassen aufgespielt, ihre Hilfe bei der Agitation für das Reformgesetz gesucht und gefunden und fernerhin weitgehende Versprechungen gemacht hatte, dafs nämlich die politische Gewalt noch weiter verallgemeinert werden solle, wenn das Reformgesetz durchgegangen sei. Und nun war die erste Frucht das neue Armengesetz, das den arbeitenden Klassen ihrer Meinung nach das Einzige nahm, was sie vor völliger Abhängigkeit von ihren Herren schützte und sie ganz der Gnade des Arbeitgebers überantwortete; denn diese konnten nun Löhne bezahlen, wie es ihnen gerade beliebte. Man merkte, dafs es keinen anderen Ausweg gäbe, als das verhafste Arbeitshaus, wo man erwarten mufste, halb zu verhungern. Beständig waren Geschichten im Umlauf von der grausamen Behandlung der Insassen und der ungenügenden Nahrung. Richard Oastler versicherte, man thue Harz in die Speisen, damit sie länger im Magen liegen blieben, und die Zeitungen brachten Berichte von Knaben, die wegen der grausamen Behandlung in den Arbeitshäusern Selbstmord begingen. Und das zu einer Zeit, wo 80 000 Handweber im äußersten Elend waren infolge des unmöglichen Kampfes gegen die mechanischen Webstühle und vor sich nur Hungertod oder das Armenhaus sahen. Nach Disraeli verlangte die alte Verfassung Englands, deren aristokratischer Charakter die Gewalt in die Hände nur weniger legte, von diesen wenigen die Erfüllung gewisser Pflichten, unter anderem, daß sie die bürgerlichen Rechte der Menge wahren sollten Disraeli sagte, daß durch das Reformgesetz die Civilgewalt übergegangen wäre auf eine Klasse, die politische Gewalt suchte, ohne die entsprechenden Pflichten übernehmen zu wollen. Dieses unbestimmte Gefühl hatten auch die arbeitenden Klassen. Sie haßten den Mittelstand aus tiefster Seele und besonders Leute wie Senior, Lord Brougham und andere Volkswirte, welche der Anschauung von Malthus huldigten und glaubten, Übervölkerung wäre der Grund des ganzen Elends unter den arbeitenden Ständen. Denn da sie nun die Durchführung einer solchen Politik in diesem Zeitpunkte unmöglich fanden, hatten sie das neue Armengesetz so oppressiv gestaltet wie möglich.

In den Arbeiterkreisen hatte man allgemein das Gefühl, die Regierung hätte das Gesetz in der Absicht eingebracht, die Arbeiter mehr in die Gewalt der Fabrikanten zu geben, indem der Arbeiter gezwungen wäre, für geringeren Lohn zu arbeiten und schlechter zu leben. Mr. Cobbett versicherte, er habe die Instruktionen der Regierung an die Beamten gesehen, aus welchen hervorginge, daß das neue Armengesetz dahin ziele, die Arbeiter zu gröberer Nahrung zu zwingen. In diesem Sinne legte es Bronterre O'Brien dem Volke dar: Warum verwerfen denn unser Adel und Mittelstand das Gesetz nicht? Weil es ihnen günstig ist, indem es die Arbeiter zu ihren Sklaven macht. Ein Arbeiter wird lieber irgend einen Lohnsatz annehmen, wird lieber sich einer Lohnherabsetzung fügen, als die Schrecken eines Arbeitshauses erleben wollen. Das ist das ganze Geheimnis. In Kent und Essex z. B. ist seit Einführung des Gesetzes der Tagelohn an verschiedenen Orten um 6 Pence gefallen. 6 Pence täglich macht 7 £ 16 s. im Jahre. Wenn ein Pächter, der 20 Arbeiter beschäftigt, den Tagelohn um 6 d. kürzt, so erspart er jährlich 156 £. Das ergiebt £ 100 für ihn und £ 56 für den Grundherrn.

Das neue Armengesetz ist vor allen Dingen dazu angethan, die

Löhne zu drücken. Die Elenden, welche das Gesetz durchbrachten, wagten nicht, offen und gerade gegen die Löhne vorzugehen; drum stellten sie maskierte Batterien unter der Deckung des Armengesetzes auf." [1])

So glaubte die Arbeiterschaft Englands, dafs sie verraten wäre, und dafs die alten Bande, welche sie mit dem Staat verknüpften, gelöst wären. Sie glaubte, dafs sie um ihre Rechte betrogen wäre, und deshalb schwand ihre Achtung vor den Rechten anderer. Alfred drückt die Gefühle der Zeit in folgenden Worten aus: „Die neue Armengesetzverbesserung erbitterte die Arbeiter mehr als die Entbehrungen, welche aus der allgemeinen Armut des Landes entsprangen. Ob mit Recht oder Unrecht, darüber kann man streiten, aber die Thatsache läfst sich nicht wegleugnen, dafs die Arbeiterschaft Englands das neue Armengesetz für eine Strafe der Armut ansah, und dieser Glaube untergrub die loyale Gesinnung der Arbeiter, er raubte ihnen die Vaterlandsliebe, veranlafste sie, über ihre traurige Lage nachzudenken, auf Rache zu sinnen und die Reichen im Lande zu hassen." [2])

Die Bewegung gegen das neue Armengesetz vereinigte die scheinbar entgegengesetztesten Elemente. Die schärfste Kritik am neuen Armengesetze übte die Times, welche die Ansichten Mr. Walters und die allgemeine Opposition der Torypartei gegen das von den Whigs zu stande gebrachte Gesetz vertraten. Mit der konservativen Times Seite an Seite kämpften radikale Zeitungen wie Champion, Lun, Dispatch und andere. Unter den Führern der organisierten Bewegung war Earl Stanhope, welcher im Oberhause für Ablehnung eintrat und zu diesem Behufe beständig Petitionen vorlegte. Im Unterhause wirkten Tories wie Mr. Ferrand und Radikale wie Messrs. Fielden aus Shannon Crawford, später die hervorragendsten Chartisten. Die Hauptführer jedoch, welche die Bewegung im grofsen Mafsstabe organisierten, waren Richard Oastler, dessen Thätigkeit in der Fabrikbewegung ich oben erwähnt habe, und Rev. J. R. Stephens. Beide werden im allgemeinen von den Geschichtsschreibern dieser Bewegung unter die Chartisten gerechnet, aber keiner von beiden verfolgte wirklich in irgend welchem Sinne die sozialen und politischen Ziele der Chartisten; sie sind eher als Tories zu bezeichnen und so nannten sie sich auch selbst.

---

[1]) Northern stan. 4. August 1838.
[2]) Alfred, vol. II, p. 76.

Da der Zusammenhang zwischen dem Zehnstundengesetz und dem neuen Armengesetz, wie Oastler meinte, von dieser Zeit an so eng war, so finden wir für beide Gegenstände eine gemeinsame Agitation unter Führung von Oastler und Stephens. Beständig wurden während der Jahre 1835/37 Volksversammlungen abgehalten; die vollständigen Berichte über sie finden sich in den betreffenden Jahrgängen der Times und zwar werden dort die in jenen Versammlungen geäufserten Ansichten deutlich und offenbar gebilligt. Als Beweis der heftigen Erregung, welche diese Versammlungen hervorrief, sei eine Volksversammlung vom 11. Mai 1837 in West Riding von York angeführt. Da wurde nämlich der Protest gegen das neue Armengesetz und eine Petition für Abschaffung desselben von 250 000 Personen angenommen.[1]) In diesen Versammlungen waren Oastler und Stephens die Hauptredner. Weiter hören wir von Feargus O'Connor und Brouterre O'Brien, welche das neue Armengesetz ebenso heftig tadelten, wie die anderen.

1838 treten die radikalen Ideen allmählich in den Vordergrund. In diesem Jahre wurde die Volkscharte (charter) publiziert, und überall in den Provinzen bildeten sich Vereine, um ihre Forderungen durchzusetzen. Um diese Zeit entstand der Ausdruck Chartist. O'Brien, O'Connor und andere der späteren Chartisten, alle entschiedene Gegner des Armengesetzes, predigten dem erregten, leidenden Volke, dafs eine Reform der Regierung mit Hilfe des allgemeinen Wahlrechts das beste Mittel sei, das neue Armengesetz umzustofsen und dem Zehnstundentag zum Siege zu verhelfen. Fast unmerklich verwandelten sich die grofsen Versammlungen gegen das Armengesetz und für den Zehnstundentag zu Chartistenversammlungen, so dafs jene beiden Ziele die starken Kampfmittel für die Chartistenbewegung wurden. So konnte es geschehen, dafs Oastler und Stephens, die auch jetzt noch in den Versammlungen redeten, unter die Chartisten gerechnet wurden, obgleich sie nicht im mindesten politisch Radikale waren. Jene wilden Reden, die einige Schriftsteller als typische Chartistenreden anführen, z. B. Stephens Rede in Norwhich, welche Brentano, Molesworth und andere anführen, waren in der That Anklagen gegen das Armengesetz und gegen die Whig-Regierung, wie sie alte Tories vorbrachten, deren politisches Credo sich in Oastlers Motto ausspricht: „Für Thron, Altar und Heimat".

In dieser Zeit wurde gewaltthätiger Widerstand gegen den Zwang

---

[1]) Champion, 1. Juli 1837.

des neuen Armengesetzes von Oastler und Stephens gepredigt, und jenes Gesetz für „Verrat am Volke" erklärt, dem zu begegnen jeder Mann sich mit Waffen versehen solle. Die ungeheure Erregung wurde noch vermehrt durch die Einrichtung der neuen Landpolizei. Diese Beamten standen nur unter der Kontrolle der allgemeinen Regierung und wurden so von den Leuten als Söldnertruppe angesehen, die geschickt war, um ihre lokale Selbstverwaltung zu bedrohen und ihnen jenes verhafste Gesetz aufzuzwingen, dessen Durchführung ihre eigenen lokalen Beamten in vielen Fällen verweigert hatten. Die neuen Arbeitshäuser wurden als eine Reihe von Kasernen angesehen, deren Zweck war, das Volk unter dem Joch einer feilen, gefühllosen und despotischen Centralregierung zu halten.

Die Organisation der Chartistenbewegung.

So lagen die Dinge im Jahre 1838. Die grofse Masse der unteren Stände war durchdrungen von den Lehren Robert Owens, dass nämlich die Arbeit die Quelle alles Wertes und dafs Arbeit bei geeigneter Organisation im stande sei, vollen Lohn für ihre Erzeugnisse zu erlangen. Sie hielten eine solche Organisation für völlig durchführbar unter einer Regierung, in der der Arbeiter seine vollen politischen Rechte hätte. Sie glaubten mit Owen, die Regierung sei verantwortlich für den Charakter der bestehenden Gesellschaft, also für die gegenwärtige Not. Zweitens war unter dem aufgebrachten und hoffnungslosen Proletariate eine Bewegung für den Zehnstundentag und gegen das neue Armengesetz verbreitet, eine Bewegung mit dem Hauptsitz in den Industriedistrikten von Lancashire und Yorkshire. Drittens hatten alle Arbeiter das Gefühl und das dringende Verlangen, das Getreidegesetz möchte abgelehnt werden, und diese Bewegung konzentrierte sich in Glasgow. Teils mit den genannten Bestrebungen verflochten, teils unabhängig von ihnen existierte eine vierte. Eine gewaltige Zahl Arbeiter nämlich Anhänger von Hunts, Cobbett und O'Brien sahen im allgemeinen Wahlrecht und in der Erwerbung politischer Rechte das Endziel und hatten eine unbestimmte Idee von sozialen Veränderungen, die politische Gewalt mit sich bringen würde.

Das waren die Männer, die am herbsten über das Scheitern des Reformgesetzes enttäuscht waren und infolgedessen gegen den Mittelstand den erbittertsten Widerstand richteten. Alle diese verschiedenen Elemente hatten gemeinsame Sympathien und sahen in politischer Veränderung die Möglichkeit ihre Ziele zu verwirklichen. Was noch fehlte, war die gemeinsame Inspiration, gemeinsame Führung und eine günstige Gelegenheit. Am 8. Mai 1838 wurde jenes Dokument veröffentlicht, das unter dem Namen Volkscharte bekannt ist. Das war die Inspiration. Die Volkscharte mit ihrem Anspruch auf allgemeines Wahlrecht und Abstimmung durch Ballotage sollte die neue Magna Charta der Arbeiterschaft Englands werden. Der Ursprung des Namens wird von Molesworth dem Daniel O'Connel zugeschrieben, der Lovett das Schriftstück mit den Worten überreichte: „Hier, Lovett, ist die Charta unserer Freiheiten. Agitieren Sie dafür und geben Sie sich nicht mit weniger zufrieden." Der so entstandene Name wurde festgehalten und übte ohne Zweifel schon an sich grofsen Einflufs auf den englischen Geist aus.

Es handelte sich nun noch um einen Führer. Lovett, Hetherington und andere Mitglieder des Londoner Arbeitervereins waren zwar als radikal weit bekannt, besafsen aber zu jener Zeit weder genug Prestige noch Einflufs, um eine ausgedehnte und mächtige Bewegung zu stande zu bringen und zu organisieren. Feargus O'Connor begann gerade erst bekannt zu werden, und Brouterre und O'Brien war nur jenen aufmerksameren (gebildeteren) Arbeitern bekannt, welche die radikalen Zeitungen unterstützten. Merkwürdigerweise sollte der Führer ein Mann werden, welcher sich in keiner Weise als echter Chartist bezeichnen läfst, Thomas Atwood.

Von allen politischen Vereinigungen, die sich mit dem Kampfe fürs Reformgesetz beschäftigten, war die Birminghamer politische Union die gröfste und sie spielte die Hauptrolle. Sie war am meisten thätig, das Gesetz zu erzwingen. Walpole schreibt ihr folgenden Ursprung zu: „Anfang 1830 traten in Birmingham einige wenige Personen zusammen, um die Abschaffung des Gesetzes von 1819 (Peel's Acte) zu erlangen zu suchen, jenes Gesetzes, welches Zahlung in klingender Münze festgesetzt hatte. Die Männer, die so zusammentrafen, waren nicht ausschliefslich Anhänger der Reform, aber sie erkannten bald den gewaltigen Vorteil, den ihre Sache aus Beratungen in einer organisierten Körperschaft ziehen würde. Die kleinen Versammlungen, welche man einberief, um die Goldwährung anzugreifen, verwandelten sich in grofse Versammlungen, deren einziges Ziel die Parlamentreform war. Die freiwillige Vereinigung der wenigen Herren aus den mittelländischen Grafschaften entwickelte sich in Schnelligkeit zur Birminghamer poltischen Union."[1] Birmingham war eine grofse Industriestadt, keine Fabrikstadt, wo die Arbeiter infolge langer Arbeitszeit und armseligen Lebens verdorben waren, sondern es war die Heimat eines geschickten Geschlechtes von Mechanikern, die in grofsem Mafse für sich selbst arbeiteten, auf jeden Fall aber für hohe Löhne, und somit eines starren, unabhängigen Arbeitervolkes, das an Intelligenz über dem Durchschnitt stand. Von fähigen, verläfslichen Männern geführt, übte diese Organisation durch ihre Gröfse und Macht in den Jahren 1830—32 gewaltigen Einflufs aus. 200 000 Mann stark drohte diese Arbeitermasse auf London zu marschieren und dort zu bleiben, bis das Reformgesetz durchgegangen wäre. An der Spitze dieser Volksvereinigung also fanden die Chartisten ihren Führer vor.

Wie erwähnt, erwuchs die Birminghamer politische Union aus einer Organisation, welche die Zurückweisung von Peel's Acte anstrebte und die Papierwährung wieder herstellen wollte. Letztere Idee war Thomas Atwoods besonderes Steckenpferd.

Bis 1837 hatte er fast alle Birminghamer für seine Geldtheorie gewonnen und er sagte später, er kenne keine Stadt als Birmingham, welche die Geldfrage richtig auffasse.

Schon 1815 hatte er vorgeschlagen, dafs 10 Mill. £ der konsolidierten Staatsschuld in Papiergeld umgesetzt würden. Sein Vorschlag lautete: „der Wert des Geldes dürfe nicht auf den Stand von 1791, sondern nur auf den von 1810 gesetzt werden. Die Staatsschuld entspreche einer wirklichen Vermehrung des Nationalreichtums durch die Erfindungen und Verbesserungen der letzten 30 Jahre. Deshalb kann sie als reelle und bona fide Schöpfung von Kapital im Betrage ihres Nennwertes betrachtet werden und bedürfe einer Vermehrung des Geldes zu ihrer Repräsentation."[2]

Von 1819 an widersetzte sich Atwood hartnäckig Peels Gesetzen. Nach der Annahme des Reformgesetzes kam er als der erste Abgeordnete von Birmingham ins Parlament. Hier vertrat er beständig seine Währungsansichten. Bei einer Gelegenheit wurde er von 158 Mitgliedern unterstützt. Die Birminghamer politische Union wurde

[1] Walpole, History of England (London 1878), vol. II, p. 605.
[2] Adolph Held, Zwei Bücher zur Sozialgeschichte Englands (Leipzig 1887), p. 323.

1834 aufgelöst, nachdem ihr unmittelbares Ziel erreicht war, und Atwood hoffte nunmehr, bei einem reformierten Parlament seinen Plan für Geldvermehrung durchzusetzen. Aber da er das Parlament nicht wie Birmingham für seine Finanzansichten gewinnen konnte, so begann er, auf weitere Reform des Parlamentes zu sinnen. Er war in Wirklichkeit kein radikaler Reformer, sondern, wie Holyoake sagt, „zwar Führer der Massen, war er kein Demokrat und würde die Birminghamer politische Union dazu gebracht haben, ein 20 £ Wahlrecht anzunehmen nur um die Forderungen der rücksichtslosen Politiker von Newcastle-on-Pyne zurückzuweisen. — Er strebte eine Reform des Unterhauses hauptsächlich nur darum an, um dabei seine Finanztheorie als Gesetz durchführen zu können." [1]) Francis Place schreibt über ihn in demselben Tone und fügt hinzu, 1837 und später habe er unter den arbeitenden Klassen Englands die gröfste Volkstümlichkeit genossen.

1836 begann Atwood, da er an seinen Erfolgen im Unterhause verzweifelte, auf eine neue politische Bewegung zu sinnen. Bei einem Diner des Reformvereinsrates im November 1836 äufserte er folgendes: „Das Volk braucht nur Einigkeit, um seine rechtmäfsige Gewalt unwiderstehlich zu machen. Durch Sie wird es diese Einheit erlangen. 2 Millionen der tapfersten und besten Leute Europas werden auf Ihren Ruf antworten. Sie werden den Führern, die Sie ihnen geben, gehorchen. — — — Sie werden keine Gewalt brauchen, sondern unterthänig Vorschläge machen und petitionieren, aber der Schall ihrer Stimmen wird wie das Grollen von 10 000 Donnerschlägen sein. Aber das kann nicht geschehen, wenn das Volk glücklich ist; dann würde der Versuch im höchsten Grade verbrecherisch und unverschämt sein. Es kann nur ausgeführt werden, wenn die arbeitenden Klassen wieder durch anderer Schuld in Armut, Arbeitslosigkeit, Elend und Hunger geraten sind. Wenn diese Umstände je eintreten, ist meine Meinung, wie ich sie immer hatte, die: das Volk mufs Abstimmung nach Haushalten dreijähriger Parlamente, Ballotage, Besoldung der Abgeordneten und die Abschaffung der Besitz-Qualifikation der Abgeordneten verlangen und durchsetzen. Ich würde allgemeines Wahlrecht vorziehen; wenn ich aber Haushaltswahlrecht empfehle, thue ich es deshalb, weil wir klarer und gewisser beweisen können, dafs es ein altes Recht aus der Verfassung ist." [2])

---

[1]) Holyoake, Sixty Jears in the Life of an Agitator (London 1893). vol. I, p. 26.

[2]) Birmingham-Journal. November 12. 1836.

Damit wandte er Cobbetts Lehre an, welcher immer sagte: „Laſst es hübsch bleiben, einen Mann mit vollem Magen für irgend einen politischen Zweck zu bearbeiten."

Die Jahre 1834, 35, 36 waren gute Erntejahre gewesen, Wohlstand hatte unter der besseren Klasse der Arbeiter geherrscht, die Geschäfte waren gut gegangen, und der Spekulationsgeist war rege geworden. Bis 1836 waren gegen 34 Kapitalgesellschaftsbanken seit dem Bankgesetz von 1825 konzessioniert worden, aber im Jahre 1836 wurden 42 Banken konzessioniert, so daſs die Gesamtzahl mit den Nebenstellen sich auf etwa 200 belief. Diese alle hatten den Spekulationsgeist durch die Ausgabe einer groſsen Zahl von Banknoten noch mehr ermutigt. 1837 kam der Finanzkrach in Amerika, welcher weit ausgedehnte Konkurse unter den Geschäftshäusern und allgemeines Elend unter dem Arbeiterstande hervorrief. Die englische Bank erhöhte in der Furcht, daſs sie nicht imstande wäre, die Zahlung in Gold fortzusetzen, die Diskontotaxe und zog ihre Banknoten ein. Die Kreditverweigerung gegen mehrere groſse Geschäftshäuser, die mit Amerika zu thun hatten, beschleunigte die Panik und leitete die ereignisreichen 7 Notjahre ein, welche die gröſste Kraft der Chartistenbewegung bezeugten. Der Mann mit dem vollen Magen war jetzt ein seltenes Geschöpf. Die von Atwood ersehnte Gelegenheit war gekommen. Die Panik hatte also scheinbar Atwoods Ansichten gerechtfertigt.

Jetzt waren die Notjahre gekommen, die infolge ständiger Miſsernten bis 1843 dauern sollten. Alles war jetzt für radikale Agitation günstig. Der Druck der scharfen Bestimmungen des neuen Armengesetzes begann sich jetzt fühlbar zu machen. Not und Unzufriedenheit herrschte überall.

Am 23. Mai ergab eine Zählung der Birminghamer politischen Union die Zahl von 4000 Mitgliedern; bis zum 10. Juni stieg sie auf 8000. Ein Rat von 40 wurde ausgewählt, der von dieser Zeit an allwöchentlich Versammlungen abhielt. In der Versammlung vom 17. Juni wurde eine Petition ans Unterhaus gerichtet betreffs der Abschaffung derjenigen Gesetze, welche den Geldmangel hervorriefen, spezieller des von 1879, und betreffs der Abschaffung des Getreide- und Lebensmittelgesetzes.

Drei verschiedene male wurden der Regierung Lord Melbournes Petitionen zu Gunsten von Atwoods Kursplan vorgelegt, aber sie erhielten keine günstige Antwort. Lord Melbourne sprach der Abordnuug gegenüber offen aus, im November 1837, Birmingham sei nicht England und das Unterhaus sei gegen sie.

„Ich wagte, seiner Lordschaft zu versichern, Birmingham wäre England und wir würden das Unterhaus umstimmen, und beim Abschied äußerte ich zu ihm in Gegenwart von 15 Werkmeistern folgende Worte: „„Mylord, ich halte es für meine Pflicht, Ihnen meine Überzeugungen auszusprechen, daß, wenn man in dieser großen Sache den Wunsch des Volkes unberücksichtigt läßt, Sie einen moralischen Sturm der Entrüstung auf Ihr Haupt herabrufen werden, den keine moralischen Mittel unterdrücken können. Wenn Sie Gewaltmittel versuchen, wird das Wahnsinn und Selbstmord sein.““ — — Erst von da hielt ich es nach langem und genauem Überlegen für meine Pflicht, das Volk aufzurufen und mich mit meinen intimsten Freunden zu der letzten großen Bewegung für weitere politische Reformen zu verbinden. Ich sah die Erlangung der Reformen nicht für durchaus gewiß an, noch halte ich es für absolut sicher, daß sie, wenn sie auch in noch so großem Maße erlangt werden, dem Volke Wohlstand und Freiheit bringen. Aber bei den schrecklichen Zuständen unseres Landes dachte und denke ich, daß beim gegenwärtigen Stand des Unterhauses nur geringe Aussicht auf Wiederherstellung des inneren Wohlstandes, der Ehre nach außen und der nationalen Wohlfahrt vorhanden ist, und hielt eine radikale Änderung für notwendig." [1])

Atwood setzte alle seine Kraft in die radikale Bewegung in der Überzeugung, daß er nur so Erfolg haben würde. In der öffentlichen Versammlung der Birminghamer Politischen Union am 7. November 1837 wurden die Ziele und Bestrebungen der Union in folgenden Beschlüssen bekannt gemacht:

1. Gegenwärtige Versammlung ist mehr denn je der festen Überzeugung, daß die Hauptquelle der Leiden der Industriebevölkerung in den Schwankungen zu suchen ist, denen das bestehende Münzsystem unvermeidlich ausgesetzt ist, und daß dauernder Wohlstand unmöglich ist, solange ein solches Münzsystem besteht.

2. In dieser Überzeugung ersucht die Versammlung, daß am 30. Mai letzten Jahres eingesetzte Komitee mit anderen Städten und Distrikten des vereinigten Königreichs sich ins Einvernehmen zu setzen, um ein allgemeines Zusammengehen in dieser wichtigen Frage

---

[1]) Valedictory von Thomas Atwood in „the Birmingham-Journal of Dezember 21, 1839.

3*

zu bewirken und der Stadt bei der nächsten Gelegenheit die Mafsregeln mitzuteilen, die nach Meinung des Komitees anzuwenden sind.

3. Nach Ansicht dieser Versammlung ist nur wenig Hoffnung
auf ständige Wohlfahrt für die arbeitenden Klassen vorhanden, solange
das Volk nicht in gröfserem Mafse im Unterhause vertreten ist.

Der 4. Punkt beschäftigt sich mit der Art der Einreichung der
Petition.

5. In der Erwägung, dafs das Vermögen der Kaufleute und
Fabrikanten im allgemeinen durch die Dauer des gegenwärtigen Systems
beeinträchtigt und gefährdet wird, und dafs es für die arbeitenden
Klassen eine Lebensfrage ist, ersucht die Versammlung ihre Mitbürger
und Landsleute ernstlich, in grofsem Mafsstabe Geld zu zeichnen, um
die grofsen Kosten zu decken, die man notwendigerweise aufwenden
mufs. [1])

Aus diesen Resolutionen kann man ersehen, dafs die Frage der
Parlamentreform im Geiste der Birminghamer Bevölkerung eine blofse
Hilfsfrage war und sie eine Parlamentreform nur zu dem Zwecke verlangte, um ihr System zur Durchführung zu bringen. Ferner, dafs in
diesem Stadium die Birminghamer Bewegung noch nicht eine blofse
Arbeiterbewegung war, denn die Führer gehörten alle dem Stande
der Arbeitgeber an. Klassenfeindschaft war noch nicht ausgebrochen.
Die Bewegung ähnelte sehr der Reformbewegung von 1832, die auch
eine vereinigte Bewegung des Mittel- und Arbeiterstandes war. Eine
solche Vereinigung war im allgemeinen charakteristisch für die Wahl-
bewegung im Jahre 1837. Unzufriedenheit und Mifstrauen gegen den
Mittelstand trat erst im spätesten Stadium ein.

Unterdessen sandte der Londoner Arbeiterverein Abgeordnete
durch das ganze Land und organisierte Zweigvereine mit dem Ziel,
die Charte durchzusetzen. Mehrere Monate lang schien keine Verbindung zu bestehen zwischen dieser rein politischen Bewegung und
der der politischen Union in Birmingham und jener dritten, welche in
Lancashire und Yorkshire die Versammlungen für den Zehnstundentag und gegen das neue Armengesetz in solche für das allgemeine
Wahlrecht verwandelte. Bis zum 16. Juni 1838 enthält die Birminghamer Zeitung keine Erwähnung der Charte, und bis zum 19. besuchte kein Delegierter des Londoner Arbeitervereins Birmingham.

Mittlerweile (9. Dez. 1837) hatte die Birminghamer politische
Union ihren Aufruf an die Reformer Grofsbritanniens und Irlands er-

----

[1]) Birmingham-Journal, Nov. 11, 1837.

lassen, worin sie blofs allgemeines Wahlrecht, Ballotage und 3jährige Parlamente verlangte. Der grofse Einflufs, den die Union in der Reformbewegung von 1832 geübt hatte, brachte es mit sich, dafs jetzt alle Radikalen von ihr Weisungen erwarteten. Während des Jahres 1838 hielt der Rat der Vierzig, welcher die Thätigkeit der Union zu leiten hatte, allwöchentlich Sitzungen, nnd es reiften Pläne für eine allgemeine Bewegung der arbeitenden Klassen. Im Frühling 1838 wurden Delegierte nach Schottland geschickt, wo man das Getreidegesetz am bittersten hafste, um eine grofse Versammlung zustande zu bringen, die von den Führern der Birminghamer politischen Union geleitet werden sollte.

Der Hauptdelegierte war John Collins, der beste Redner der Union und der einzige Arbeiter unter ihren Führern. Am 21. Mai fand eine grofse nationale Demonstration von 150 000 Menschen in Glasgow statt. Sieben Delegierte von Birmingham waren zugegen, nämlich die Herren Atwood, Schofield, Muny, Hadley, Edmund Salt und Douglas. Sie alle gehörten der Klasse der Arbeitgeber an und Douglas war der Redakteur des Birminghamer Journals. In dieser Versammlung wurde die Petition ans Parlament die Mr. Douglas aufstellte, angenommen. Sie enthielt nur fünf Forderungen, da der Paragraph der Charte, der gleiche Wahlbezirke forderte, ausgelassen war.

Hier war es, wo Atwood zuerst die beiden Mafsnahmen vorschlug, die in der Chartistenbewegung eine so wichstige Rolle spielten. Er sagte folgendes: „Lassen Sie auf Ihre heutigen Verhandlungen sogleich die Sendung eines Delegierten nach London folgen. Ich weifs, dafs noch mindestens 48 andere Städte dasselbe thun werden, und wenn diese Delegierten in London sich vereinigen, gestützt auf eine Petition von 2 000 000 Menschen, möchte ich das Unterhaus sehen, welches ihnen Trotz bieten wollte. Aber wenn sie wahnsinnig genug wären, Ihre Petition zu mifsachten, so würde ich Sie zu einem feierlichen heiligen, allgemeinen Ausstand aufrufen, nicht des Arbeiters gegen den Herrn, sondern einen Ausstand aller gegen den gemeinsamen Feind![1]

Atwoods Plan wurde sogleich ausgeführt. Im Norden hatte Feargus O'Connor die grofse Nord-Union organisiert, deren Ziel im besonderen allgemeines Wahlrecht war, als das Mittel, das neue Armengesetz zu bekämpfen. Er versprach jetzt Atwood seine und

---

[1] Birmingham-Journal, 26. Mai 1838.

seiner Anhänger Unterstützung mit dem Bemerken, daſs er nicht
länger Führer, sondern ein gefügiger Anhänger Atwoods und der
politischen Union Birminghams sei, und daſs er unter ihrer Leitung
und Beratung nicht zweifele, daſs er und die Reformer Englands der
endlichen Erreichung ihres groſsen Zieles entgegen gingen. [1]
Die Demonstrationsversammlung im Midland wurde am 16. August
abgehalten. In derselben setzte Atwood für seinen Generalstreik die
heilige Frist von einer Woche fest, wenn das Unterhaus die Petition
nicht annähme. Atwood scheint um diese Zeit des Erfolges gewiſs
gewesen zu sein, andernfalls wünschte er, seinen Hörern Vertrauen
einzuflöſsen.

1832 hatte er einen Druck aufs Oberhaus befürwortet, um das
Reformgesetz zu erzwingen, und schien nun zu glauben, Gewalt würde
auch in diesem Falle wirksam sein, denn er sagte:
„Wenn eine ordentliche Einheit und Einmütigkeit unter dem
Volke herrscht, und es kommt eine Gelegenheit, so brauchen die
49 Delegierten nur auf die Erde zu stampfen und 2 000 000 Menschen
werden auf ihren Ruf antworten, und wenn dies nicht genügt, 5 000 000.
Aber die Gelegenheit wird nicht kommen. Wir werden alle unsere
Forderungen durchsetzen, ohne unsere Zuflucht dazu nehmen zu
müssen.“ [2]

Folgende Resolutionen wurden dann angenommen:

1. Genehmigung der nationalen Petition.

2. Die Herren G. F. Muny, P. H. Muny, Douglas, Salt, Hadley,
Pierce, Edmunds und John Collins werden von dieser Versammlung
zu Delegierten ernannt, um eine Generalkonferenz der arbeitenden
Klassen zu besuchen, die aber nicht über 50 Mann stark sein soll
(wegen der ausdrücklichen Gesetze der Zeit, welche Versammlungen
von über 50 Mann verboten). Sie soll in London zusammentreten mit
dem Zwecke, irgend welche gesetzmäſsige Maſsregeln anzunehmen, die
man für nötig hält, um das Parlament dazu zu bringen, die Forderungen der nationalen Petitionen zum Gesetz zu erheben.

3. Die arbeitenden Klassen des vereinigten Königreiches sollen
dem Beispiel Nordenglands und Schottlands folgen, der Petition Unterschriften verschaffen und Delegierte ernennen.

4. Annahme der Volkscharte als Gesetzesentwurf, um dem Volke

---

[1] Birmingham-Journal, September 1838.
[2] Birmingham-Journal, August 1838.

des vereinigten Königreichs gerechte Vertretung im Unterhause gemäfs den Prinzipien der Volkscharte zu verschaffen.

5. Die in dieser Versammlung ernannten Delegierten sollen die allgemeine Konferenz während der nächsten Parlamentsession zusammenrufen.

6. Ein Nationalfonds soll zum Zwecke des Nationalkonvents gesammelt werden. [1])

Das Birminghamer Währungssystem wurde so beharrlich in der Birminghamer Zeitung und in den Versammlungen der Union verteidigt, dafs man sich in der radikalen Presse fragte: „Führen die Birminghamer eine Bewegung blofs für Währungsreform, oder sind sie wirklich für das allgemeine Wahlrecht?" Die Birminghamer Führer erkannten an, wie Atwood so oft gesagt hatte, die Geldfrage wäre eine lokal Birminghamer, und sie in den Vordergrund zu stellen, würde eine gewaltige Zahl Radikaler abwendig machen, deren alleiniges Ziel das allgemeine Wahlrecht sei. Der bezügliche Gedanke wurde in der Versammlung des Rates am 21. August durch die Worte des Herrn Muny zum Ausdruck gebracht, welcher sagte, „entfernteren Personen gegenüber müsse man behaupten, das einzige Ziel des Rates sei, geeignete politische Gewalt für das Volk zu erlangen, diese Gewalt dem Volke in die Hände zu geben und ihm die volle, unparteiische Ausübung derselben zu überlassen. — — Von dem Tage an, wo die Union das Prinzip des allgemeinen Wahlrechts annehmen würde, glaubte er, dafs alle Detailfragen, wie Getreide-, Armen- oder Geldgesetze bei Seite gesetzt würden." [2])

Die Rede des Herrn Douglas drückt den Geist der Chartistenbewegung im Herbst 1838 in gedrängter Kürze aus, und ich lasse ihn daher am besten sebst reden, „die Währungsfrage wäre das Steckenpferd von Birmingham, das Getreidegesetz, das von Glasgow und das Armengesetz das Steckenpferd von Manchester. Alle hätten gute und solide Gründe für das ihrige, er hoffe aber zuversichtlich, dafs niemand auf sein Steckenpferd so versessen wäre, dafs er nur einen Augenblick die allgemeine Sache schädige. Er spräche für ein Aufgeben der drei grofsen Steckenpferde der radicalen Reformer in gegenwärtiger Zeit. Wenn der Rat der Union diesen Verzicht vorschlüge, so handle er nicht vorschnell. Sie hätten die Prinzipien ökonomischer Reform lange und ohne vorteilhafte Aussicht für die Zukunft ver-

[1]) Birmingham-Journal, 11. August 1838.
[2]) Birmingham-Journal, 25. August 1838.

folgt. Ihr Freund Mr. Atwood habe den Plan ökonomischer Reform 1829 versucht, und er sei gescheitert. Sie hätte ihn auf neue mittelst der Memorialkommission versucht, er sei gescheitert. Nachdem sie alle Arten von Eingaben versucht hätten, sowohl unter dem alten System als auch seiner Modifikation 1832, hätten sie sich dazu entschlossen, die ganze Maschinerie als erforderliche Einleitung zu ändern. Nicht als ob sie gleichgültig gegen die Getreide-, Geld- oder Armengesetze wären, sondern weil sie fänden, dafs es gänzlich unmöglich sei, irgend eine Änderung in diesen grofsen Fragen von Leuten zu erwarten, die selbst ein direktes Interesse an der Aufrechterhaltung der daraus entspringenden Mifsstände hätten. Die Geldgesetze wären ein Lieblingsthema in Birmingham, aber sonst nirgends, Korngesetze in Schottland, er wolle sagen, auch in England unter den Fabrikarbeitern, aber sie seien nicht Lieblingsgegenstand in den Landwirtschaftsdistrikten Englands und Schottlands. Die Armengesetzfrage wäre in England populär, aber das Volk in Irland und Schottland kümmere sich nicht darum. — Das wäre mit dem allgemeinen Wahlrecht nicht der Fall. Die Zahl derer, welche die Übel der Korn-, Geld- oder Armengesetze anerkannten, wäre zwar grofs, aber nichts im Vergleich zur Zahl derer, welche sich erniedrigt und ausgeschlossen fühlten durch ihre Absperrung von aller Anteilschaft an politischer Gewalt am Königreich. — Mit den Korngesetzen würden sie nicht nur im Unter- und Oberhaus auf Widerstand stofsen, sondern auch bei der Gesamtheit der Junkerschaft und Pächter, die sich durch Öffnung der Häfen zu ruinieren glaubten. Die Geldgesetze würden noch heftigeren Widerstand finden. Das wäre eine Frage, auf die sich unter 10 000 ein einziger verstände. Er kenne nicht eine Gemeinde, aufser der Birminghamer, die etwas von der Geldfrage verstände. — Im Jahre 1660, als Karl II. wieder eingesetzt worden wäre, hätte das englische Parlament viele Gesetze durchgebracht, um die von Cromwell eingeführten zu verbessern, aber die Schotten wären rascher zu Werke gegangen. Sie hätten ein Gesetz angenommen, das alle Gesetze aufhob, welche während der Republik eingeführt worden wären. — Wenn sie allgemeines Wahlrecht erhielten, würden sie auch, wie die Schotten, ein aufhebendes Gesetz annehmen.

Sie würden die schädlichen Gesetze auf einer Liste zusammenstellen und sie in Bausch und Bogen abschaffen." [1])

---

[1]) Birmingham-Journal, August 25, 1838.

So überspannt auch diese zuletzt ausgesprochene Absicht scheinen mag, so meinte es Mr. Douglas wahrscheinlich ganz ernst damit. Denn man findet unter den Radikalen der Zeit den höchsten Glauben an die Macht des Statutenbuchs, alle Mifstände zu verursachen und zu heilen.

Owens Gedanke, eine neue moralische Welt könne über Nacht kommen, mag ihnen diesen Glauben an die allgemeine und unmittelbare heilende Kraft richtiger Gesetze beigebracht haben. Die Anschauung, dafs das Gesetz ein organisches Erzeugnis, ein Spiegel der Zeit sei, hatte bei ihnen keinen Einflufs. Sie waren zu den radikalsten konkreten Änderungen bereit, wie plötzlich sie auch einträten. So finden wir in der Schrift des Londoner Arbeitervereins, betitelt: „das verkommene Unterhaus" den Satz: „Wir suchen Gesetzgebung als ein Mittel, zur Glückseligkeit jedes menschlichen Wesens beizutragen." [1]

Nach der grofsen Birminghamer Volksversammlung am 6. August 1838 wurden überall in England grofse Versammlungen abgehalten. In Lancashire wurden Versammlungen, die eigentlich gegen das neue Armengesetz und zu Gunsten des Zehnstundentages abgehalten wurden, durch die Thätigkeit von Feargus O'Connor in Versammlungen zu Gunsten des allgemeinen Wahlrechts verwandelt, so dafs Oastler und Stephens, obwohl Gegner der radikalen Ideen O'Connors ihn unterstützten, indem sie der allgemeinen Wahlrechtsbewegung starken Anstofs gaben. Diese beiden Männer waren es, welche die unter vielen Chartisten herrschende Meinung aufbrachten, dafs es möglich sei, ihre Ziele mit Gewalt zu erreichen. Der leidenschaftliche Charakter ihrer Reden gegen das neue Armengesetz entfremdete den Mittelstande der Chartistenbewegung und boten der Welt in ausgedehntem Mafse den Eindruck, dafs das Ziel der Chartisten ein vollständiger und gewaltthätiger Umsturz der damals bestehenden Gesellschaft wäre.

Denn wenn auch einige unter den Chartisten das planten und wünschten, so ist doch kein Zweifel, dafs die Führer deutlich erkannten, solch ein Ergebnis wäre, selbst wenn es wünschenswert sei, doch nicht möglich, und dafs sie nur gesetzliche Mittel planten, um die Charte zu erhalten, obgleich sie selbst bisweilen eine heftige Sprache führten.

„Abordnungen für den Nationalkonvent wurden jetzt von grofsen Versammlungen gewählt", sagt Lovett. „In Manchester waren 300 000

---

[1] Place Mss. 27 809 Appendix c. p. 198.

Mann anwesend, in Glasgow 150 000, in Neu-Castle 70 000, und in anderen Städten in gleich starkem Verhältnis." Als man annahm, die Agitation habe genügende Fortschritte gemacht, als die Delegierten erwähnt worden waren, und die National-petition reichlich unterzeichnet worden war, wurde eine Versammlung des Nationalkonvents der arbeitenden Klassen auf den 4. Februar 1839 im Gasthaus zur Krone und zum Anker bestimmt. Der Konvent bestand nach Lovett aus 53 Delegierten. Drei von diesen waren Beamte, sechs Redakteure, ein Geistlicher der Kirche Englands, ein nicht der englischen Landeskirche angehörender Geistlicher, zwei Ärzte; die übrigen waren Krämer, Handelsleute und Tagelöhner.[1] Francis Place sagt, dafs die Mehrzahl der Mitglieder der Konvention Leute aus dem Mittelstande waren, von denen sich wenigstens die Hälfte aus dem Spiele zog, da sie nicht einen hinter sich liefsen, der nicht ein persönliches, pekuniäres Interesse an der Fortsetzung der Agitation hatte. Er meint, wenn der Konvent nur aus Arbeitern zusammengesetzt gewesen wäre, würde es weit besser gewesen sein, denn sie würden bald erkannt haben, dafs drei oder vier Sessionen des Parlaments nötig sein würden, um die Charta durchzubringen, und so würden sie auf praktischere Mafsnahmen hingearbeitet haben, wie z. B. die Aufhebung der Korngesetze, das Pennypostsystem und ähnliches.[2] Aber das wünschten gerade die Führer nicht. Sie glaubten, alle anderen notwendigen Reformen würden folgen, wenn nur erst die Charta erlangt wäre. Und so war ihre gröfste Furcht, dafs gröfsere, aber entferntere Gut für das näher zur Hand liegende aufzugeben. Daher war einer der ersten von der Versammlung durchgebrachten Anträge der, dass sie alle ihre Anfmerksamkeit darauf richten sollten, die Charta zu erlangen und nicht durch die Möglichkeit sich ab-wenden liefsen, kleinere Reformgesetze zu erlangen. Sie waren für die Charta und waren entschlossen, sie zu sichern.

[1] Lovett, Life and Struggles (London 1878), p. 201.
[2] Place Mss. 27821 p. 62.

Der allgemeine Konvent.

Wenn man zurückblickt auf die Versammlung, welche im Gasthaus zur Krone und zum Anker abgehalten wurde, so ist es schwierig
zuerst einzusehen, welchen Grund ihre Mitglieder für ihre vertrauens-
volle Erwartung hatten, dafs die Verordnungen der Charte zum
Gesetz werden würden, dafs man ihren Enthusiasmus nur mit dem
der Owenisten vergleichen kann, welche glaubten, ihre neue moralische
Welt könne eines Tages kommen. Die Mitglieder des Bundes hatten
indessen einen etwas besseren Grund für ihre Hoffnungen.

Um damit anzufangen, müssen wir uns erinnern, dafs es erst
sieben Jahre her war, seitdem die grofse Reformbill im Parlament
gegen die sehr stark eingreifende Opposition angenommen wurde.
Ein Wechsel in der Verfassung, beinahe so grofs als wie der jetzt
beabsichtigte, war den Klassen, die die Macht jetzt in Händen hatten,
nicht so sehr durch Überzeugung als durch Furcht vor einer Revolution
aufgedrängt worden. Die endgültige Macht war von den oberen auf
die mittleren Klassen übergegangen, auf deren Beistand die Mitglieder des Bundes bei der Durchführung ihrer Pläne rechneten.

Diese letzte Klausel mag der früher aufgestellten Behauptung
zu widersprechen scheinen, dafs eine starke Gegenpartei sich schon
zwischen der mittleren und unteren Klasse bemerkbar gemacht hatte.
Aber wir müssen uns erinnern, dafs zu dieser Zeit die Chartistenbewegung nicht ausschliefslich eine Bewegung der Arbeiterklassen
war. Ihre einflufsreichen Führer, besonders die Abgeordneten vom
Birminghamer politischen Verein, gehörten der Mittelklasse an, und
glaubten, ebenso wie Atwood, dafs das Elend unter den arbeitenden
Klassen durch die verkehrte Verwaltung der nationalen Angelegen-
heiten verursacht wäre, und dafs der Mangel, der die Mittelklassen
heimsuchte, ebenso grofs wäre, als der der unteren Klassen. Daher
war es zu erwarten, dafs sie sich wie früher zu gemeinsamem Streben
nach einer Reform vereinigten, die beiden Teilen Befreiung bringen
würde. Man mufs ebenso bedenken, dafs die Abgeordneten einige
Gründe hatten, auf die Unterstützung der niederen Hälfte der Mittelklassen zu rechnen, wie der Ladenbesitzer, der Handelsleute aller
Art der kleinen Lehrmeister, jener sehr grofsen Klasse, welche
Einflufs unter den 10 Pfund Pächtern hatten und deren Interessen
so eng mit denen der Arbeiterklassen verknüpft waren. Und ferner

beabsichtigen wir durchaus nicht zu sagen, dafs der Hafs und das
Mifstrauen auf die Mittelklassen allgemein unter den Arbeitern verbreitet war. Sie waren verbreiteter in den Fabrikgegenden wegen
der herzlosen Politik der Fabrikbesitzer, und bestanden unter den
politisch Radikalsten in allen Sektionen, besonders unter denen,
welche die radikalen Blätter gelesen und die Meinungen des Bronterre
O'Brien in sich aufgenommen hatten. Da war der alles beherrschende
Optimismus, die Neigung zu glauben, dafs das, was man wünscht,
auch kommen mufs. So dafs viele von ihnen selbst auf die Unterstützung der Fabrikbesitzer rechneten. Solche Leute sahen nicht die
veränderte Lage der Zeiten, sahen nicht, dafs die Kluft zwischen
den Klassen sich immer mehr durch das neue Industriesystem vergröfserte. Sie machten es sich nicht so klar, wie sie es wohl hätten
thun können, dafs die Männer, die grofse Reichtümer aufspeicherten,
nicht geneigt sein würden, politische Macht in die Hände der Arbeiter
zu legen, wie gut auch die Absichten der Arbeiter sein möchten.
Sie machten sich nicht klar, dafs gerade jene Anklagen gegen die
Notstände, jene Forderungen der Gerechtigkeit, jene Androhungen
des Widerstandes mit Waffengewalt, die Erzwingung des neuen
Armengesetzes, sie machten sich nicht klar, dafs gerade jene
Forderungen, welche so viel Enthusiasmus bei den unteren Klassen
hervorgerufen hatten, die Veranlassung gewesen waren, einen grofsen
Teil der mittleren Klassen der Sache zu entfremden. Da diese
Optimisten auf die Unterstützung der Mittelklassen rechneten, und
glaubten, dafs sie innerhalb einer gewissen Zeit die Charte in fried-
licher Weise und durch gesetzliche Mittel sicher stellen könnten, so
bildeten sie den sogenannten moralischen Teil der Chartisten, deren
Leiter William Lovett war.

Aber es existierte noch eine andere Richtung, welche glaubte,
dass eine Reform, die England notwendigerweise aus einer Aristokratie
in eine Demokratie umwandeln müfste, nur durch Gewalt durchzuführen sei, oder wenigstens durch Furcht vor Gewalt. Sie wufsten,
dafs es eine zu grofse Klasse gab, welche aus Personen von Macht
und Reichtum bestand, die ihre Interessen einem unter dem Chartes
erwählten Parlament nicht anvertrauen durften und deshalb nie ihre
Einwilligung zu den Mafsregeln der Chartisten geben würden. Diese
Partei glaubte, dafs durch Vorführung der gleichen Macht, die 1832
die Aristokratie gezwungen hatte, nachzugeben, Zugeständnisse, wenn
nicht die ganze Charte von den regierenden Klassen erzwungen
werden könnten. Zu dieser Klasse gehörten O'Brien und O'Connor,

Dr. Taylor und viele andere der hervorragendsten Führer. Es ist
zweifelhaft, ob irgend welche aufser den unwissendsten unter den
Chartisten jemals geglaubt haben, dafs sie unbewaffnet, unorganisiert
und ohne Mittel einen Entschlufs erfolgreich durchführen könnten.
Aber dafs viele von ihnen, die drei oben Erwähnten mit ein-
geschlossen, zu einer Revolution bereit gewesen wären, wenn sie an
irgend eine Möglichkeit des Erfolges gedacht hätten, ist zweifellos.
Gleich nachdem der Konvent zusammengetreten war, entstand
eine Spaltung; Lovetts Partei verbat sich alles Reden von Gewalt-
thätigkeit, und die andere Partei deutete immer auf „fernere Mafsregeln" hin, wenn die nationale Bittschrift nicht von dem Hause der
Gemeinen (Unterthanen) angenommen werden sollte. So heftig war
die Sprache, die einige dieser Vertreter führten, dafs die Birminghamer
Abgeordneten, welche die Arbeitgeberklasse repräsentierten, sich von
der Konvention zurückzogen, denen bald andere Abgeordnete sich
anschlossen. Dieses Vorgehen wird von Francis Place in seiner Geschichte der Bewegung scharf verurteilt. Er sagt, sie hätten, nachdem
sie eine solche Versammlung einmal einberufen und die Bittschrift
eingereicht hätten und dafür verantwortlich gewesen wären, bleiben
sollen und die Konferenzen zu leiten versuchen müssen. Dies war
die Meinung der überwigenden Mitglieder des Birminghamer Vereins,
sie tadelten die Abgeordneten und ernannten andere an ihrer Stelle.
Dieses Benehmen der Birminghamer Vertreter läfst die gegen sie
von Place, Taylor und anderen herrührende Anklage glaubwürdig erscheinen, und es wird auch durch den „Valediktom" Thomas Atwoods
bestätigt, dafs die Birminghamer nicht den aufrichtigen Wunsch
hegten, die Charte angenommen zu sehen, sondern nur erwarteten,
durch den Konvent und die Bittschrift die Regierung in Furcht zu
setzen, damit diese ihren Finanzplan annehmen sollte.
Der Rückzug dieser Vertreter hatte für die Versammlung zur
Folge, dafs die ganze Macht in die Hände der radikaleren und
heftigen Mitglieder der Konvention überging. Ihre Abdankung ent-
fernte die Einflüsse, die bestrebt waren, aus der Chartistenbewegung
ein Mittel zu machen, um Zwecke zu erreichen, gegen welche die
Mehrzahl der Chartisten gleichgültig waren oder die sie mifsbilligten.
Sie vereinfachte die Streitfragen und änderte die Bewegung aus einer
gemischten in eine ausschliefsliche Arbeiterklassenbewegung um.
Während dies ein Vorteil war, war es andererseits nachteilig, dafs die
Kontrolle über den Konvent den unbesonnensten Mitgliedern überlassen wurde, deren wilde Reden die möglicherweise vom Unterhaus

zu erwartende kleine Unterstützung noch vereitelten und keinen weiteren Einfluſs auf die Arbeiterklasse ausübten.

Um die Gesinnung der Chartisten und der Arbeiterklasse im allgemeinen zu prüfen, erlieſs der Konvent eine Kundgebung an die industriellen Klassen, welche die Fragen enthielt, welche allen gleichgesinnten politischen Versammlungen vorgelegt werden sollten. Die Fragen gaben die Mittel an, durch welche der Konvent seine Pläne auszuführen hoffte. Sie lauteten wie folgt:

1. Ob sie bereit sein würden, auf Verlangen des Konvents alle Gelder abzuheben, die sie einzeln oder vereint in Sparkassen, Privatbanken oder in die Hände von Personen, die ihren gerechten Forderungen feindlich gesinnt seien, niedergelegt hätten?

2. Ob sie auf dasselbe Verlangen bereit sein würden, sofort ihr Papiergeld in Gold und Silber umzutauschen?

3 Ob sie, wenn der Konvent beschlieſsen sollte, daſs ein geheiligter Monat nötig wäre, die Millionen vorzubereiten, um sich den Gnadenbrief ihrer politischen Erlösung zu sichern, ob sie sich dann fest entschlieſsen könnten, während dieser Zeitdauer von ihrer Arbeit abzustehen, wie auch vom Genusse geistiger Getränke?

4. Ob sie ihrem alten gesetzmäſsigem Recht, welches die moderne Gesetzgebung leicht aufheben könnte zufolge, bereit wären, mit den Waffen freier Männer die Gesetze und die ihnen von ihren Vorfahren vererbten gesetzlichen Rechte zu verteidigen?

5. Ob sie sich auf chartistische Kandidaten einigen wollten, so daſs diese bereit wären, sich bei der nächsten allgemeinen Wahl als ihre Repräsentanten vorschlagen zu lassen und dass sie sich, wenn sie durch Wahl mit Handaufheben angenommen wären, als Repräsentanten des Volkes betrachten wollten, um in London zu einer noch später zu bestimmenden Zeit zu erscheinen?

6. Ob sie sich entschlieſsen wollten, ausschlieſslich mit Chartisten zu verkehren und in allen Fällen der Verfolgung sich zusammen zu scharen und alle diejenigen, welche um der gerechten Sache willen leiden sollten, zu beschützen?

7. Ob sie mit allen ihnen zu Gebote stehenden Mitteln persönlich für die groſsen Zwecke der Volkscharte kämpfen und sich dazu entschlieſsen wollten, daſs keine Gegenbewegung zu Gunsten eines geringeren Maſses von Gerechtigkeit sie von ihrem rechtmäſsigen Ziel ablenken solle?

8. Ob das Volk sich entschliefsen wollte, allen gerechten und gesetzlichen Forderungen der Mehrzahl der Konvente zu gehorchen? [1])
    Hier haben wir eine Zusammenstellung von gesetzlichen und un-
gesetzlichen, von praktischen und unpraktischen Vorschlägen, von
denen einige einer friedlichen Lösung der Frage entgegensahen, andere
einer Lösung durch Aufruhr. Und diese Verwirrung der Ziele war
typisch für die Ansichten des Konvents. Wenn die Charta auf fried-
lichem Wege kommen sollte, dann mufste es durch die Furcht der
regierenden Klassen geschehen oder durch die Sicherstellung der
Stimmen der Mittelklassen. Ein Sturm auf die Banken und eine
Zurückziehung der Münze vom Umlauf konnte dieselbe Furcht hervorrufen, welche die Aufforderung zu solchem Verfahren im Jahre 1832
hervorgebracht hatte. Aber ohne die Mitwirkung der Mittelklassen
würde der Geldmarkt nur wenig beeinflufst werden, so dafs die
Wirkung dieser Vorschläge sehr zweifelhaft erschien.
    Der vierte Vorschlag kann zwei Pläne eingeschlossen haben, ent-
weder die Regierung in Furcht zu setzen oder thatsächlich auf eine
Empörung hinzuarbeiten. Gewifs war durch ein Eingreifen mit Waffen
mehr Hoffnung auf Erfolg, aber der Vorschlag, sich zu bewaffnen,
würde ihnen nur die Stütze der Mittelklasse, die sie noch besafsen,
noch ganz abspenstig machen.
    Der sechste Vorschlag, durch welchen sie zur Anwendung des
Boykotts aufgefordert wurden, um ihre Mitglieder zu unterstützen, war
schlau und diente dazu, ihnen die Unterstützung der grofsen Klasse
der kleinen Kaufleute zu sichern, die von der Arbeiterklasse ab-
hingen, und die zum grofsen Teil das 10 Pfund-Wahlrecht besafsen.
Von allen Vorschlägen waren der dritte und fünfte die unvernünf-
tigsten, aber auch die gefährlichsten, weil sie unausbleiblich die Leute,
die nicht dazu bereit waren, zu Thaten der Empörung treiben mufsten.
    Dem Plan des geheiligten Feiertages wurde von Pfarrer J. R.
Stephens heftig entgegengetreten, einem Manne, welcher in den Versammlungen gegen das neue Armengesetz am heftigsten gesprochen
hatte, der das Volk gedrängt hatte sich zu bewaffnen und der von
allen Agitatoren jener Zeit um die Folgen am wenigsten bekümmert
zu sein schien. Obgleich er für den allgemeinen Konvent erwählt
war, hatte er an seinen Verhandlungen nicht teil genommen, denn er
sagte, er mache sich keinen Pfifferling aus den fünf Punkten und
würde keine Petition zu ihren Gunsten befürworten. „Es ist Euch

---

[1]) Place Mss. Origininal-Dokumente. Anhang 10, S. 330.

nichts neues," sagte er, „dafs ich niemals ein Anhänger der fünf
Punkte war. Ich sagte Euch, ich sei nur der Anhänger eines Punktes,
und dieser Punkt ist: ein gutes Gebet und eine lange Lanze. Aber
wenn der Konvent vorschlägt, Euch auf die Wildegansjagd des allgemeinen Wahlrechtes durch die Täuschung eines nationalen Feiertages zu führen, so will ich, und ich habe ein Recht dazu, Euch
sagen: Bedenkt es dreimal, ehe Ihr diesen Wettlauf beginnt. Ein
nationaler Feiertag bedeutet allgemeine Anarchie und Verwirrung, und
die Empörung unseres Teiles der Nation, des schwächsten, des zer-
splittertsten, gegen alle anderen Teile der Nation, welche dastehen
als ein Körper, der von einem Kopfe geleitet ist. . . . Ich habe Euch
immer gesagt, dafs das allgemeine Wahlrecht, jährliche Parlamente
und die ganze Sache nicht des Fechtens wert sind. Aber ob sie es
sind oder nicht, das weifs ich, Ihr könnt nicht kämpfen und gewinnen." [1])

Aber seltsam genug, dieser Plan eines geheiligten Feiertages,
eines allgemeinen Stückes, stempelt, wie Sombart sagt, die Chartistenbewegung zu einer echten Proletariatsbewegung. „So erscheint schon
damals der Generalstreik als Kampfesmittel, auch ein Gedanke, der
selbstverständlich nur in einer echt proletarischen Bewegung entstehen
kann.[2]) Dieses „Zeichen einer echten Proletarierbewegung," wie Sombart sich ausdrückt, war nicht in den Reihen der unwissenden Arbeiter
entstanden, sondern es war der Vorschlag eines Bankiers und war
für eine Bewegung, welche zur Zeit noch keinen proletarischen Charakter angenommen hatte, berechnet. Dieser selbe Plan eines allgemeinen Streiks wurde später ernstlich von Bright und Cobden als ein
Kampfmittel in jener echten Mittelklassenbewegung gegen das Horn-
gesetz erwogen und wurde auch durch die Aufreizungen der Gegner
des Horngesetzes teilweise im Jahre 1842 ausgeführt.

Der Plan einer unverletzlichen Feierzeit von einer Woche, nicht
von einem Monat, wie später vorgeschlagen wurde, war von Atwood
in der Absicht angeregt worden, um dem fortwährenden Streben nach
physischer Arbeit entgegenzutreten. „Ich weifs sehr gut," sagte er,
„dafs. wenn das Volk den Enthusiasmus, die Meinungsübereinstimmung,
die Unerschrockenheit und den disziplinierten Gehorsam zeigen würde,
welche notwendig wären, um eine geheiligte Woche innezuhalten, so
würden diese grofsen Fähigkeiten ihnen einen vorläufigen Sieg sichern,

---

[1]) Northern Star, Aug. 11. 1839.
[2]) Sombart, Sozialismus und soziale Bewegung, Jena 1896, S. 36.

der die heilige Woche ganz unnötig und nutzlos machen würde, und ich hatte sicherlich gehofft, dafs ich, indem ich diese letzte äufserste Grenze moralischer Kraft noch hinhielt, die, wenn nötig, zu einer geheiligten Woche geführt hätte, die wilden und verbrecherischen Verirrungen physischer Kraft erdrückt haben würde."[1] Die meisten von uns, die mit Pastor Stephens übereinstimmen, werden denken, das Mittel ist schlimmer als die Krankheit. Aber glücklicherweise wurde der Generalstreik zur Zeit noch nicht angesetzt. Nach langen Debatten wurde durch die Bemühungen O'Briens der Tag des Beginnes noch unbestimmt gelassen.

Der andere Vorschlag, ein Parlament vom Volk durch Handaufhebung wählen zu lassen, wurde für mehrere Jahre bei den Chartisten sehr beliebt. Selbst noch bei der Wahlversammlung 1848 wurde er ernstlich überlegt. Solch ein Vorgehen konnte nur eine Art Rebellion sein, und solch ein Parlament müfste sofort durch die Waffen ihrer Bevollmächtigten unterstützt werden, oder seine Mitglieder würden sofort dem Schicksal von Rebellen entgegengehen. Der Plan ist sehr typisch für die Ideen der Arbeiter, unreif und unverdaut, mit wenig Bedacht auf die Folgen, optimistisch bezüglich der Resultate, ohne Schritte gethan zu haben, sich der Folgen zu versichern.

Aber während dieses Manifest den Wählern (Konstituenten) unterbreitet wurde, wurden die Abgeordneten der Chartisten, die in der Hauptstadt safsen, unter den Augen der Regierung, ohne eine Stütze am Londoner Volk zu haben, um ihre Sicherheit besorgt. Da sie fürchteten, die Regierung könnte einen Vorwand finden, sie zu arretieren und gefangen zu setzen, beschlossen sie nach Birmingham zurückzukehren, wo sie wenigstens die moralische Stütze der ganzen Arbeiterschaft hatten, und wo die Regierung vorsichtig oder glimpflich mit ihnen verfahren mufste.

Bei der Ankunft der Mitglieder des Konvents wurden grofse Versammlungen in Birmingham abgehalten, um weiteren Beistand zu erlangen. Durch die aus London herbeigerufenen Polizeiagenten machten die Behörden von Birmingham den Versuch, die Versammlungen zu verhindern, und dies veranlafste den Birminghamer Aufstand. Es war das verletzte Rechtsgefühl, das zum Aufstand führte. Als Rechtsbruch erkannte man erstens das Bestreben, öffentliche

---

[1] Birmingham-Journal, Juny 26. 1841.

4

Versammlungen zu verhindern, zweitens sah man in der Absendung
der Polizisten vom Mittelpunkt der Regierung einen Eingriff in das
Recht der örtlichen Selbstverwaltung. Dieser Aufruhr war es, der
den Herzog von Wellington zu seiner oft zitierten, sehr übertriebenen
Äußerung veranlaßte, daß ihm in seiner ganzen militärischen Lauf-
bahn nie ein Fall vorgekommen wäre, wo eine im Sturm genommene
Stadt von den Truppen so schlecht behandelt worden sei, als Birmingham vom Pöbel. Dieser harte Ausspruch wurde durch den Bericht
eines Spezialkorrespondenten des London Chronicle, eines den
Chartisten feindlich gesinnten Blattes, als unbegründet hingestellt. Er
berichtete, daß ein in der Stadt ankommender Fremder keine Spuren
eines stattgehabten Aufruhrs hätte sehen können, daß der ganze Ver-
lust nicht 40000 Pfund überstiege und daß nicht mehr als zwei-
hundert Männer und Knaben an dem Aufstand teilgenommen hätten;
daß die Ursache des Aufruhrs nicht der Chartismus sei, sondern der
Haß auf die Londoner Polizei und der Wunsch von seiten des Volkes,
zu zeigen, daß sie nicht unterdrückt sein wollten; daß keine Plünde-
rung beabsichtigt gewesen sei, gehe daraus hervor, daß nichts aus
den drei oder vier Häusern, die in Brand gesteckt worden, fort-
getragen wäre. [1]) Es ist wohl der Mühe wert gewesen, die wahren
Thatsachen dieses Falles zu erwähnen, weil die hohe Autorität des
Herzogs von Wellington Molesworth, Brentano und andere veranlaßt
hat, ihn zu zitieren. Und sie haben aus diesen Vorfällen Schlüsse
auf den revolutionären Charakter und die heftige Gesinnung der
Chartisten gezogen, welche vollständig unbegründet sind.

Inzwischen hatte Atwood am 12. Juli im Unterhause seinen
Antrag für die nationale Petition eingebracht. Aber anstatt seine
Rede auf die sechs Punkte der Petition zu stützen, glaubte er bei
dem Hause den Eindruck hervorrufen zu müssen, daß der Hauptzweck der Bittsteller die Annahme ihres Finanzplanes sei. Zweifellos
fühlte er selbst, daß er der Hauptgegenstand der Petition war, denn
in seiner Abschiedsrede an die Wähler von Birmingham sagt er,
dieses Mal hätten 1 200 000 Angehörige aller Klassen seinen Ansichten
beigepflichtet. Es war auf alle Fälle unmöglich, daß das Unterhaus,
wie es damals konstituiert war, die nationale Bittschrift hätte annehmen können, aber Atwoods unkluge Rede machte es noch unmög-
licher. Sie verdunkelte die wirklichen Forderungen der Petition
und gab Lord John Russel eine Gelegenheit, die Grundsätze anzugreifen,

---

[1]) London Chronicle, July 18. 1839.

die die Chartisten nicht vertraten, und die Bittschrift entfremdete viele Mitglieder, welche sie sonst befürwortet haben würden. Da die Mitglieder des Konvents nicht mit Atwoods Finanzideen sympathisierten und fürchteten, dafs er einen falschen Eindruck im Unterhause hervorrufen könnte, hatten sie einen, von beinahe allen Mitgliedern des Konvents unterzeichneten Anschlag veröffentlicht, in welchem sie die Macht und den verderblichen Einflufs des Papiergeldes rügten und erklärten, dafs die industriellen Klassen durch wertlose Stücke Geldes betrogen wären, denen die Staatsschwindler den Namen Geld beilegten. Hieraus ergab sich natürlich für Lord John Russels die beste Antwort auf die Forderungen Atwoods, er konnte den Mangel an Einheit unter den Bittstellern ins Lächerliche ziehen. Nach verschiedenen anderen Reden, die sich ernstlich mit den wesentlichen Zwecken der Petition beschäftigten, wurde der Antrag, einen beratenden Ausschufs zu ernennen, mit 235 gegen 148 Stimmen abgelehnt. Von diesen 148 für die Beratung günstigen Stimmen würde der gröfsere Teil wahrscheinlich nicht für die Petition gestimmt haben, aber sie waren bereit, sie zu besprechen und die Beweisgründe dafür zu hören.

Die erste Anstrengung, die Volkscharte zu sichern, war also fehlgeschlagen. Die Bewegung dafür sollte jedoch weiter bestehen. Während die fernere Betrachtung ihrer Geschichte nicht unsere Aufgabe ist, so sind doch einige Thatsachen vorhanden, auf welche wir unsere Erörterung der ökonomischen Prinzipien der Chartisten stützen wollen.

Der Konvent setzte seine Sitzungen bis zum 28. September fort. Sobald er aufgelöst war, wurde die Mehrzahl der chartistischen Führer wegen verführerischer Reden festgenommen. Nach eiligen Untersuchungen wurden sie mit 6 Monat bis 2 Jahre Gefängnis bestraft. Während der Gefängnishaft der Anführer litt natürlich die Bewegung ein wenig. Sie wurde jedoch unterstützt durch die immer wachsende Not der Zeit, welche durch die schlechten Ernten hervorgerufen wurde.

Mit dem Jahre 1841 kam ein neuer Anstofs, als die Führer aus dem Gefängnis entlassen wurden, da ihr Einflufs jetzt wegen ihres Martyriums verdoppelt war. 1842, als die industrielle Not gröfser war als in allen anderen Jahren dieses Jahrhunderts, erreichte die Kraft der Chartistenbewegung ihren Höhepunkt. Am 2. Mai 1842 wurde dem Unterhause eine zweite Bittschrift mit ungefähr 3 300 000 Unterschriften vorgelegt. Diesmal wurde der Antrag, dieselbe zu

4*

hören, nur von 49 Stimmen befürwortet. Die nächstfolgenden Jahre brachten reichliche Ernten, eine Wiederkehr des Wohlstandes, und infolgedessen schwand die Macht der Chartisten. Sie hielten ihre Organisation aufrecht wie auch ihr Blatt und die ausgeprägt sozialistischen Ziele traten immer mehr in den Vordergrund. Aber die Bewegung hatte ihre Macht eingebüfst. Es konnten keine neuen Mitglieder zu ihrer Unterstützung gewonnen werden. Die Abonnentenzahl des Northern Star verringerte sich von 50000 auf 4- oder 5000. Die Leiter versuchten jedes Mittel, neues Interesse zu erwecken, aber wie Sidney Webb schreibt: „Aufrührerisches Wesen, ob owenistisch oder chartistisch verlor in der That seine Anziehungskraft für die arbeitenden Klassen. Robert Owens ökonomische Grundsätze von der Entziehung des Profits und der Abschaffung der Profitnehmer gingen gerade in diesen Jahren in die neue genossenschaftliche Bewegung über, die 1844 von den Rochdale-Pionieren eingeführt wurde .... Eine neue Generation der Arbeiter wuchs heran, denen das Schlimmste der alten Einwirkungen unbekannt war und welche die ökonomische und politische Philosophie der Reformer der Mittelklasse in sich aufgenommen hatten." [1])

Die Agitation für die Beseitigung der Kornzölle diente mehr und mehr dazu, den Chartisten Kraft zu entziehen. O'Connor und O'Brien strebten umsonst gegen die Übermacht oder Herrschaft von Bright und Cobden als Führer der Arbeiterklasse. Der revolutionäre Geist von 1848 belebte für einige Zeit den schwindenden Geist der Chartistenbewegung. Ein dritter Konvent trat zusammen, eine dritte Bittschrift, welche über 5000000 Unterschriften enthalten haben soll, wurde eingereicht. London war in Aufregung. Der Herzog von Wellington wurde mit der Verteidigung beauftragt. Die Regierungsgebäude wurden mit Truppen besetzt und die Bank von England mit Kanonen. Aber der 10. April kam und mit ihm keine Revolution.

Die Chartistenbewegung zog sich noch einige Jahre hin, aber mit immer abnehmender Kraft. Sie hatte ihre Höhe im Jahre 1842 erreicht und hatte nachdem keine Lebenskraft mehr.

---

[1]) Webb, History of Trade Unionism (London 1894), S. 161.

Vita.

Natus sum Johannes Lee Tildsley anno h. s. sexagesimo et septimo a. d. III. Id. Mart. in oppido Americano Pittsburg in civitate Pennsylvania sito. Patre Johanne, matre Elisabetha e gente Withington. Fidei addictus sum evangelicae. Elements literarum imbutus, scholam superiorem cui nomen est Mount Hermon in civitate Massachusetts per tres annos in frequentavi. A. h. s. octagessimo et nono in Universitatem Princetoniensem in civitate Neo Caesariensi sitam receptus cum artium liberalium tum rerum cameralium studiis per quattuor annos me dedidi, et examine superato gradum artium baccalaurei adeptus sum. Qua in universitate per unum annum munere socii functus et ibidem magistri in artibus a. h. s. nonagessimo quarto promotus sum. Deinde Magister in academia Laurenceville in civitate Neo Caesariensi munere per duos annos functus sum.

Tum in Germaniam profectus bis sex menses Halis Saxonum, sex menses Berolini studiis cameralibus, historicis, philosophicis me dedidi.

Scholis interfui horum virorum doctissimorum Princetonii: Patton, Sloane, Daniels, Wilson, Armond. Halis: Conrad, Erdmann, Droysen, Diehl, Stammler. Berolini: Sering, Wagner, Delbrück.

Ut exercitationibus cameralibus et historicis interessem benigne concesserunt, Conrad, Diehl, Sering, Sloane, Daniels.

Quibus omnibus, praesertim viris clarissimis Johanni Conrad, Guilielmo Sloane, Winthropo Daniels gratias ago maximas semperque habebo.